博报堂创意训练手册

HAKUHODO

[日] 博报堂品牌创新设计局 著
杨超 译

人民东方出版传媒
People's Oriental Publishing & Media
東方出版社
The Oriental Press

图书在版编目（CIP）数据

博报堂创意训练手册 / 日本博报堂品牌创新设计局 著；杨超 译 .— 北京：东方出版社，2020.9
ISBN 978-7-5207-1539-3

Ⅰ.①博… Ⅱ.①日…②杨… Ⅲ.①广告公司—企业管理—经验—日本
Ⅳ.①F713.87

中国版本图书馆 CIP 数据核字（2020）第 085927 号

博报堂创意训练手册
（BOBAOTANG CHUANGYI XUNLIAN SHOUCE）

作　　者：日本博报堂品牌创新设计局
译　　者：杨　超
责任编辑：江丹丹　叶　银
出　　版：东方出版社
发　　行：人民东方出版传媒有限公司
地　　址：北京市朝阳区西坝河北里 51 号
邮　　编：100028
印　　刷：北京市大兴县新魏印刷厂
版　　次：2020 年 9 月第 1 版
印　　次：2020 年 9 月第 1 次印刷
开　　本：880 毫米 ×1230 毫米　1/32
印　　张：8
字　　数：90 千字
书　　号：ISBN 978-7-5207-1539-3
定　　价：67.00 元
发行电话：（010）85924663　85924644　85924641

目录

第 4 章　最好的碰头会始于“最好的闲聊”

第 5 章　碰头会中打破僵局的 8 个提问视角

HAKUHODO no

序

博报堂脑力激荡术

——闲聊中产生最佳方案

SUGOI UCHIAWASE

“为什么总在闲聊？”

“为什么没有会议议程？”

刚从其他公司跳槽来的职员，在初次参加博报堂的碰头会时，总会有这样的疑惑：“这和我以前参加的碰头会完全不同啊……”

在博报堂的会议室开过会的公司外部人员，也经常会感到惊讶：“从别的会议室都能听到他们开碰头会时发出的大笑声，这样的公司倒是第一次见。”

2009年东京大学研究生院冈田猛教授的研究团队的一项调查非常透彻地分析了博报堂碰头会的特点，他们以“博报堂的创意能力研究”为课题，用镜头记录了博报堂的10次碰头会，后期反复观看，进行分析研究。

几周后，冈田猛教授的团队完成的一篇名为《博报堂脱离主题的“闲聊力”与跨部门的“越境力”共同产生最佳方案》的研究报告中，这样写道：

博报堂在开碰头会时，有一半时间在闲聊。

对于这项研究报告，博报堂的员工们毫不诧异。但是指导该项研究的冈田教授却难掩惊讶。

的确，通常情况下企业开碰头会，都会为了提高企业生产力、追求高效益而焦头烂额。因此，花一半时间闲聊，真是天方夜谭。

为什么我们要花那么长时间去闲聊呢？

当然，博报堂的员工并非为了消磨时间而闲聊。

在会议中花费一半时间去闲聊，仍然有其目的。

博报堂在碰头会上的闲聊，其实自有一套“架构”，所有的闲聊都没有脱离这一“架构”。可是旁人却难以看出其中的所以然，因而在他们眼里这样的开会模式确实显得相当特殊。

全员掌握“概不外传”的脑力激荡术

虽然博报堂的碰头会在形式上与普遍意义上的碰头会迥然不同，但是博报堂并没有开展内部培训来指导员工学习这项“独家秘籍”。

每一名员工都是通过自身体验，以及在周围前辈们的表现中潜移默化地习得，并不断传承下去的。

所以，博报堂脑力激荡术的秘诀或要领，一直以来都是全体员工共有的默契（基于体验和直觉产生的），并没有明文规定。

为了让这种会议模式发挥更大的作用并得到灵活运用，2007 年博报堂成立了企划小组，系统地整理了博报堂的脑力激荡术。本书正是以此为基础，并重新采访了博报堂的创意、营销、市场、咨询、人事、财务、法律等部门的员工，系统化整理后的成果。

书中既有拿来即用的绝妙点子，又有令人咋舌的执拗做法。我们希望把博报堂的“最强”脑力激荡术，真实地呈现给大家。

现在，有很多企业都在为提高碰头会的效率而头疼。他们总是面临“碰头会时死气沉沉”“员工们提不出一点意见和想法”等诸如此类的问题，希望本书能带给你一些启示，帮助你解决这些难题。

博报堂品牌创新设计局

第1章

为什么博报堂非常讲究碰头会中的讨论

迷途中找到博报堂该走的路

以“碰头会”为主题的博报堂广告

“碰头会中多说废话，讨论时多说坏话。”这是 2012 年至 2014 年博报堂推出的企业广告文案。

为什么我们要打出这样一则鼓励说坏话和废话的广告呢？又为什么在广告中特别提到碰头会呢？理由就在博报堂一路走过的历史中。

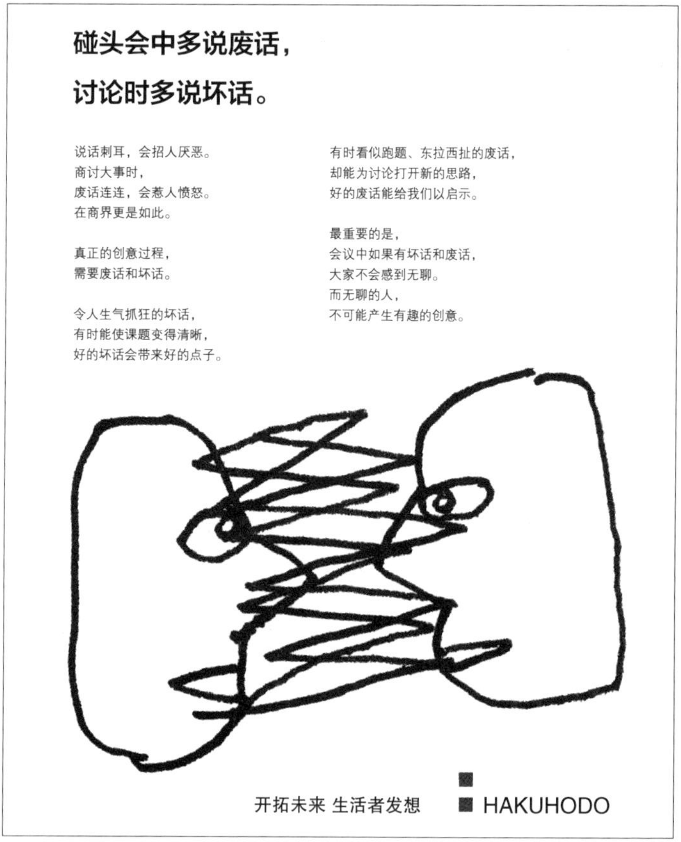

以博报堂的工作方法、生活者发想理念为主题的系列广告《开拓未来 生活者发想》篇中的一则广告（2012 年 10 月—2014 年 3 月刊载）。“生活者[1]发想”是博报堂主张的企业哲学。

① 生活中的人之意，是博报堂对消费者的定义，即消费者已不再是单纯履行经济活动的购买者，而是具有各自生活方式的鲜活个体。——译者注（本书注释，如无特别说明，均为译者注。）

博报堂的开端可以追溯到 1895 年濑木博尚创立的教育杂志广告代理店“博报堂”。

当时，报纸和杂志还是新兴媒体，广告也是全新的商业领域。

博报堂的创始人立志在出版行业为青少年教育、日本的未来做出贡献，他将传统纸媒广告作为主体业务，逐步使博报堂发展壮大起来。

然而，在创立半个世纪后，博报堂陷入了发展的迷途。20 世纪 50 年代以后，随着民营广播及电视的纷纷出现，广告业迎来了巨大变革的时代。二战后民营广播、电视逐渐兴起，曾经在纸媒广告界称霸的博报堂，很快就落伍了。

（博报堂）要改头换面，发展成以营销、创意为主的企业，而不仅仅是出售广告版面。

博报堂率先从美国引入营销传播理论，以推进广告业的现代化。它不再只是出售“媒介载体”的旧式广告商，而是转变目标，成为一个为客户提供“营销方案”与“创意”的公司。

博报堂最终得出这样的发展理念：以不落窠臼的创意和

内容，打动“生活者”的心；做最理解“生活者”的公司，从“生活者”的视角去思考，创造新的价值。

“碰头会”是解决公司问题的方法

创造新价值，最重要的就是要有“不受固定观念束缚的新创意”。

博报堂被赋予的使命就是提出客户从未想到的、出人意料的点子。

创造出新价值，需要公司每个员工殚精竭虑地提出创意。没有这样的努力，创造新价值便无从谈起。

但是，在实际工作中，每个员工能想到的创意又是非常有限的。虽然我们不能有依赖思想，可仅以个人的努力，要达到创意永不枯竭的目标，是极其困难的。

博报堂的董事长水岛正幸说：“新的创意，一定是在不同的价值观、多样的才能和多元的文化中相互碰撞产生的。在博报堂有这样一种企业文化，就是好创意无论出自谁，只要是好的，大家都会认同。只有每位员工各自的力量与公司团队的力量相互配合，才能诞生高质量的创意。”

在经营管理中，有一种叫作“集体天才”理念，意思是不依赖某一个天才，而是通过团队或组织发挥创造力。所以，在某种程度上，博报堂重视团队力量的观念与“集体天才”的理念是相通的。

那么，怎样才能形成这种有助于提升个人能力的团队力量呢？答案就在我们目前所实行的“博报堂最强脑力激荡术”中。

不是“开会”，而是“碰头会”

“会议”与“碰头会”的区别

一般来说，“会议”与“碰头会”可以当作同义词来使用。二者的意思都是“把人聚集起来商议某事”。但是，博报堂却认为二者是不同的。

在博报堂，很少以“会议”为名义来开会，几乎都是“碰头会”。我们对二者做了如下的区分：

☆会议

· 为了信息的共享（汇报、联络、咨询）而召开。

· 主持人按照会议议程，以单向沟通的形式进行。

☆碰头会

· 为了鼓励大家畅所欲言、集思广益而召开。

· 参加者相互自发地提出意见（头脑风暴），最终形成一个结论。

会议的目的是汇报、联络、商讨，而且要事先制定会议议程，规定会议的议题、时间分配、出席名单等，然后按顺序推进议程。

当然，在博报堂会议也是必不可少的，它传达和共享与公司运营相关的数据信息，一定程度上保障公司的顺利运行。博报堂也是公司，自然需要召开会议。但是要想在会议上产生好的创意，几乎是不可能的。因此，在博报堂，除了为了公司运营必须召开“会议”外，我们更希望举行让员工们各抒己见、碰撞出创意火花的“碰头会”。

全员一起创造最佳方案

新老员工一律平等

在博报堂工作，有一半以上的时间都是在开碰头会。对于多数员工而言，碰头会就是家常便饭，它对于我们，就如同水之于人类。

人无水不能生存，碰头会对于博报堂也是同样重要。人因水而存在，而博报堂就是由碰头会构建起来的。

博报堂最具代表性的碰头会，就是“全员讨论会”。参会的除了负责项目统筹的创意总监，还有业务、宣传、市场营销、设计、文案撰稿等各部门的相关人员，每个部门会有 6 ~ 10 人出席。

我们曾经也开过由拥有绝对领导权的创意总监主导、其他部门辅助配合的碰头会。但是，现在这种形式的讨论已不再是主流，因为在这种“单向沟通的碰头会”上，有话语权的人会控制全场，其他人则沦为听众，由此形成的决议也容易出现偏颇。

况且在“上意下达”式的碰头会中，讨论很容易变成“上级传达命令”或“下级汇报情况”的单向流程。

创意与职位高低无关，也与年龄、性别、职务无关。

为了创造新的价值，为了验证所有的可能性，现在的博报堂坚持贯彻创意至上主义。

碰头会的宗旨是：“万般皆下品，唯有创意高”“创意不问出处，只问好坏”。因此，无论是刚入公司的新员工，还是入职 20 年的资深员工，一律平等。

无论是上司还是前辈，对于任何人的发言或报告，都不能缄默不语。

“你这到底是什么意思？”

“欸？你说的是什么？”

“照你所说……”

像这样“挑毛病”“疑惑”的声音此起彼伏。

其实上下级关系在我们之间依然存在，只是不像大学生体育类社团那样，前后辈关系那么严厉，而是像文艺类社团里那样较为轻松随性。因此，参会人员都可以畅所欲言。即使是资历浅的新人发言，所有人也会认真倾听。

负责市场的提出文案的创意，负责设计的提出宣传策略……这种事情一点也不稀奇，所有员工在各司其职的同时，为彼此提出建议，互相优化。

参加碰头会的所有员工共同发挥团队力量，拿出最佳方案，这就是现在博报堂碰头会的风格。

新创意不是从“脑海中”，而是从“对话中”产生

在不断的谈话中引发创意点子

一般的看法认为“创意是个人的”，但博报堂不这样认为。

创意并非源自个人，而是孕育在对话之中。

新创意不是像奥古斯特·罗丹的雕塑《思想者》那样，一个人喃喃自语地从“脑海中”压榨而出，而是在交谈碰撞中破壳而生。

博报堂之所以在企业宣传中强调碰头会，正是因为坚信“博报堂创造的新价值都是来源于碰头会”。

过去博报堂所负责的工作中，有很多创意都是在交谈中产生的。比如，本书第187页提到的“博报堂Kettle”的董事长岛浩一郎曾经说过，他能想到“书店大奖”这个创意，就是得益于一次交谈中听一名书店员工说：“如果我是直木奖[①]的评委，应该会选另一本书……”

创意来自对话、交谈，并不是说博报堂的员工在创意方面都依赖他人。

为了在讨论中产生好的创意，博报堂的每名员工在参加碰头会前都要先穷尽自己的智慧去思考自己的创意。

并且，博报堂的员工在参会时都抱着这样的心态：自己想到的创意，都是意料之中的；能立刻在脑海中呈现的想法，绝不可能是意料之外的绝佳之策。

有句谚语说：“三个臭皮匠，顶个诸葛亮。”意思是三个普通人聚在一起讨论，也能够产生像诸葛亮那样非凡的智慧。

博报堂看重碰头会的价值，是因为形成了这样的共识：比起一个人苦思冥想，众人的智慧更容易产生好的创意。

假设A、B、C分别带着A方案、B方案、C方案来参加碰头会。

① 日本权威的文学奖项，主要颁发给创作大众小说的作家。

这时候我们并不会从三个方案中选出某一方案，也不会从中整合出一个折中或妥协的方案。

因为前者会使碰头会变为决出胜负的“竞技场”，后者则往往不上不下、模棱两可、暧昧不清。

我们追求的最终结果不是 A、B、C 这三种方案，而是碰头时让人出乎意料的 D 方案或者 E 方案。

因此，在博报堂，我们把碰头会定位为“共创之所”，即让大家共同创造新创意的地方，而非“竞技场”。

在新人培训中，灌输“碰头会思维”

新人入职前应该学习的“KJ 法”

博报堂的企业文化中有一条叫作“与其千篇一律，不如各有特色”，来自博报堂“愿与个性不同的人共事”的人才观。

我们的理想状态是，每名员工都具备不同的能力和价值观，他们个性突出，每个人都因其独特的创造力而熠熠生辉。但是，在尊重“个人力量”的同时，博报堂也很重视团队力量。

正如前文所述，“创意并非源自个人，而是孕育在对话之中”。

因此，为了让新员工形成博报堂碰头会的思维——团队共同缔造创意，从 1971 年开始，公司就引进了培训员工的核心理念“KJ 法”。

每年 2 月博报堂都会以“入职培训”为名义，组织新人学习运用“KJ 法”。

所谓“KJ 法”，就是使用卡片进行信息整理的思维方法。该方法是已故的文化人类学学者、东京工业大学名誉教授川喜田二郎为了整理数据而设计，并以创始者名字首字母的缩写命名。

运用“KJ 法”可以在看似毫无关联的信息中，建立逻辑关系，寻找新的思路。

在培训中，新人们以团队为单位整合想法和数据，思考新的方案，寻求解决问题的突破口。

通过培训，新人们会发现凭借一己之力无法觅得好的创意，进而认识到团队力量的重要性。

我们在日常的碰头会中，并没有经常使用“KJ 法”，因为它的主要任务是，让对自己的创意自信满满的新员工认识到团队力量的重要性。

KJ 法的 4 个步骤

步骤① 在便笺纸上写下各自的方案

- 一张便笺纸写一个方案
- 用粗笔清晰书写
- 书写内容精练、直接、具体
- 将写好的便笺纸随机贴在白板或圆桌上

步骤② 把收集的方案分类

- 将内容相似、关联紧密的方案放在一起
- 按直觉而非理论逻辑分类
- 将三或四张便笺纸分成一个小组
- 无法分类的便笺纸不要刻意分类
- 在每一小组的最上面贴上标签
- 重复以上操作步骤，再整理成几个大组（最终分为 5 ~ 7 组）

步骤③ 重新分析各小组之间的关联性

- 用线条或箭头图解各小组之间的关系（因果关系、相互关系、对立关系等）

步骤④ 以图示为基础确定理念

- 将各组关系图示化后，再把这种关系以一段文字的形式表达出来
- 写几个片段，用“因为”“由于”等关联词连接起来
- 总结出一句话来概括这段文字的“理念”

"KJ"法的实践及体悟：

THE END

隐藏在“闲聊”背后的谈话方法

闲聊也可以提高生产效率

在本书的“序”中，曾经谈到 2009 年东京大学研究生院冈田猛教授的研究团队，用镜头记录了博报堂的 10 次碰头会，并以此为基础进行了分析研究。

该课题的调查报告中这样写道：

· 博报堂的碰头会中，一半时间是在闲聊。
·“闲话”“坏话”是碰头会的润滑剂。

想必很多正在读本书的读者，还是会对碰头会中把一半时间用来闲聊，以及开会时说闲话和坏话这样的事，感到吃惊吧。

近年来，“生产率”这类词颇受重视。从提高工作效率的角度来说，人们希望极力削减与业务无直接关系的时间，所以碰头会中的闲聊时间自然会减少。

如果从生产率的角度看我们的碰头会，肯定会认为我们缺乏效率。抛弃闲聊，碰头会的时间减至现在的一半，省下的时间不就可以用到其他的工作上了吗？

但是对于我们来说，碰头会花一半时间去闲聊是必不可少的，甚至是提高生产率的必要前提。

这是因为我们在碰头会中的“话”其实是有“机制”的，充斥在碰头会中的闲聊，正是从这个对话机制中产生的。

那么，碰头会闲聊背后的机制是什么呢？为什么要在碰头会上花一半时间闲聊呢？

下一章，我们将介绍博报堂碰头会的对话机制。

小结

☆ 创意，一定是在不同的价值观、多样的才能和多元的文化中相互碰撞产生的。不依赖某一个天才，而是通过团队或组织发挥创造力。

☆ 除了为了公司运营必须要召开“会议”外，更要举行让员工们各抒己见、碰撞出创意火花的“碰头会”。

☆ 碰头会的宗旨是:“万般皆下品，唯有创意高”“创意不问出处，只问好坏”。

☆ “创意并非源自个人，而是孕育在对话之中。”比起一个人苦思冥想，众人的智慧更容易产生好的创意。

☆ 自己想到的创意，都是意料之中的；能立刻在脑海中呈现的想法，绝不可能是意料之外的绝佳之策。

☆ 碰头会花一半时间去闲聊是必不可少的，甚至是提高生产率的必要前提。

第②章 产生新创意的博报堂碰头会的秘密

博报堂碰头会的 4 个流程

开碰头会时，参会者心中要自有议程

在上一章，我们提到博报堂碰头会中存在某种“对话机制”。

碰头会是以解决问题、寻求方案为目的，如下文所示，由“共有”“扩散”“收束”“统一”四个流程构成。

在碰头会进行中，并不会明确地说“现在是第几个流程”。会前也几乎不会制定会议议程，参会者对会议的流程都是不言自明的，对会议的进度也了然于胸。参会人员在讨论时，其实一直都留意着会议的进程。

4 个流程产生最优方案

流程①
共有

参会者共有会议目的、结果、进行方式等碰头会的基本信息。

流程②
扩散

参会者发表各自准备好的方案，以此为前提进行集体讨论，验证各种方案的可能性，尽可能优化所有方案。

流程③
收束

将各种方案进行一一分析，按课题需要进行取舍，整理归类出几大方向（关联性强的方案汇总在一起）。

流程④
统一

从以上整理好及定向的方案中总结出最优方案，以求得全体参会人员意见统一。

回忆自己参加过的会议，或有意识地在实际工作中，关注会议流程，体悟其重要性：

THE END

碰头会的成败取决于“扩散”阶段

打破“预期的结论”

碰头会的流程中，我们最重视的是“扩散”。所谓扩散就是将与课题有关的解决方案，尽其所能一网打尽。

在寻求最佳方案的碰头会中，最关键的就是尽可能地扩散思维。当然，“拿出好方案”也很重要，也是碰头会的最终目标。但我们认为，“好方案”在讨论扩散之后，自然会出现。

博报堂认为，最后得出方案的质量好坏是与会议的“扩散”程度成正比的。讨论越扩散，方案的质量就越高。

好主意的诞生，离不开自由的、独出心裁的思考。如果讨论的思路过于狭窄，到下一个“收束”阶段，讨论的结果依然难逃窠臼。

讨论没有扩散，换言之就是“符合预期的结果”，它只能产生中规中矩、平淡无奇的方案。

如果碰头会上没有这种意识，听之任之，或者参会者可能因为担心场面无法控制，会有意无意地避免讨论的扩散，这样就很难得出意料之外的最佳方案。同样，如果执着于“提高碰头会效率，尽可能缩短会议时间”，也会导致思维无法充分扩散。

所以，最重要的是，所有参会成员都要认识到：“扩散”是找到最佳方案的必要条件。

产生新创意的“闲聊术”

闲聊亦有术

假设碰头会的目的是要解决某个课题，参会者分别提出A、B、C、D 四套解决方案。

一般碰头会的做法是让参会者分别阐述自己的方案，然后从中选择一个最优方案作为最终方案。但是，这样无法引起讨论扩散。

所以，在博报堂的碰头会中，如果参会者提出四个方案，我们会质疑，难道解决方案一定只有这四种？不可能有 E 方案或者 F 方案吗？以此不断扩散思路。

在实际操作中，为了能够使思路更加扩散，我们更注重讨论方案的数量。3 ~ 4 人参与的碰头会大约会提出 40 个方案，多的时候甚至达到 100 个。为了找到一个最优方案，要讨论至少100个方案，最终舍弃其中99个，但这绝不是徒劳无益的。

“会不会还有没拿上台面讨论的方案呢？”“有没有什么角度被我们忽略了呢？”当然会有所遗漏。虽然我们有意识地扩大讨论的范围，但由于人们容易囿于常识和固有观念，不经意间在脑海中就进行了取舍，“这个想法和主题无关吧”“这个的确不大可能啊”……

“关于这个课题，请拿出100个方案”，面对这样的要求，有人拿得出，也有人无法办到。二者的差距，在很多时候并非是创意能力的差异，而是是否具有发散性思维。如果参会者都没有发散思维的意识，讨论自然也不会发挥应有的效果。

这个时候，能够诱发思维发散的方法就是“闲聊”。“闲聊事关碰头会成功与否”，博报堂重视“闲聊”、看重碰头会的理念都包含在“碰头会时多说废话，讨论时多说坏话”这句企业宣传语中了。

在博报堂的碰头会上，闲聊集中在刚开始以及“扩散”的环节中。关于碰头会开始时的闲聊，我们会在第四章着重论及，本章将集中阐述“扩散”环节中的闲聊。

有效的“闲聊”会加速扩散

博报堂的员工在碰头会中用一半时间来闲聊，是为了拓宽讨论的视野。不了解这种对话机制的新员工，在初次参加碰头会时，会对这种几乎全程都在闲聊的会议大吃一惊。

下面给大家讲一个在博报堂具有代表性的小故事，那是市场部的一名职员在刚入职时发生的事情。

“有一次我和公司的前辈一起与商务调查公司的负责人开碰头会。

“明明是商品调查设计（设计如何实施调查）的会议，大家却在闲聊不止，事情没有一点进展。心想这样下去的话，调查问卷会议结束也做不出来。

“越来越焦虑的我终于没忍住，当场对前辈们表示不满：‘咱们能不能不说这些没用的，快点设计调查问卷吧！’

“于是，前辈说道：‘那么，好！你在白板上写一写，要采取怎样的调查方式，以及会出现怎样的结果。’一时间我竟无言以对，只能支支吾吾地答道：‘这个……不实际尝试一下，怎么会知道啊……’

“接着，前辈便说：‘所以啊，我们正在讨论做调查应该搞清楚的是什么！’听完前辈的话，我才明白，他们并非在打发时间闲聊，而是在发散思维，讨论想法。”

事实上，我们在碰头会中所谓的闲聊，并不是在聊与正题毫无关系的事情。

前文所述的东大研究生院的调查团队、博报堂的新入职员工等，这些不了解博报堂碰头会对话机制的人，都是把扩散思路的交谈看成了简单的闲聊。

那么这种看起来像闲聊一般的对话，如何能激发新的创意呢?

在下一节，我们将会更加深入地探讨博报堂的对话机制。

别马上探究主题，
要以“闲聊”的方式探索“主题的周边”

两句口头禅背后的真意

扩散的过程中最重要的不是挖掘主题（目的、议题、课题），而是探索“主题的周边”。

如果一开始就直奔主题深挖下去，思路总会变得越来越狭窄。因此，即便扩散的过程看似在绕远路，也要不急不躁仔细地将与主题相关的周边情况调查清楚，这一点至关重要。

在我们碰头会的扩散流程中，像“我说的可能有些跑题……”“虽然我也不是很明白，但是……”这样的话语会频繁出现。

“我说的可能有些跑题……”这句话，已经成了博报堂员工的口头禅了。这句话后面紧接着的话，并非与主题完全无关，而是与主题擦边的问题。

说这句话的人，在说话的同时也在观察参会者的反应，然后根据大家的反应不断扩大会议内容的范围，使议题扩散开来。

如果这个话题能引起大家讨论，证明它还在会议所涉及的范围内，反之，被大家忽视的话，说明它已经在范围之外了。

那么，在实际的碰头会中这句话是怎么说出来的呢？下面介绍一个具体的例子。

【碰头会的主题】如何成为顾客喜爱的汽车经销商？

员工A：除了单一地展示汽车，如何经营店铺，才能让顾客更加喜欢我们？

员工B：最重要的还是要让店员积极地推销汽车吧。

员工C：但是我觉得有些顾客不喜欢被人打扰吧。

员工B：的确有这种情况……

员工A：我说的可能有些跑题了，但是就像我们去宠物店，当我们看到宠物在笼子里的时候，往往注意到的是宠物的价钱和品种。可是，当店员把宠物抱出来的时候，我们和宠物的视线相交的瞬间，会自然地流露出对宠物的喜爱之情，会情不自禁地说“好可爱，我好喜欢”，这是为什么呢？

员工 B：视觉感受的确是引起人们喜爱之情的重要因素。

员工 C：这样说来，我们可以在店内放一个沙发，顾客可以坐下来一起边看边聊原本只是展品的汽车，让顾客有一种这就是自己的爱车的感觉。

上面的对话中，“可能有些跑题……”后面的对话被缩减了，在实际的碰头会中，对话经常会持续 10 分钟以上。

这些“跑题”的话有时候会打开新思路，但是更多时候这持续 10 分钟以上的“跑题”不会带来任何启发。

因此，初次参加博报堂碰头会的人，面对这些看似漫谈无度的闲聊，往往不知所措。与“可能有些跑题……”相似的话语还有很多，像是“我突然想到一点……”也比较常用。

提出“不太确定的事”

另外，为了扩散思路，我们经常会先声明一句“其实我也不太清楚……”，以此为开端提出一件“不甚明了的事情”作为话题。

我们再看另一个例子。

【碰头会的主题】如何提升篮球运动的人气？

员工A：为什么篮球在美国非常受欢迎，在日本却没什么人气呢？

员工B：也许是日本打篮球的人很少吧。

员工C：也可能是日本缺少有人气的球星吧。

所有员工：嗯……

员工D：其实我也不太清楚，或许就像日本在夏天举行高中棒球比赛时，很多对棒球毫无兴趣的人仍会激动地大喊“手帕王子[①]”“某某君”之类的？

员工A：这可能是电视转播时，经常会给球员脸部特写

① 球迷对日本著名棒球选手斋藤佑树的爱称。

的缘故吧。

员工 B：也就是说棒球是“能够看清球员长相的运动”喽？

员工 C：既然如此，那就是因为篮球运动速度太快，看不见球员的长相，所以在日本篮球运动没什么人气。如果像棒球一样，可以经常给篮球运动员脸部特写的话，也许球迷会多起来吧。

这个议题在会议结束后，得到了很好的方案。但现实中的情况是，很多“不太清楚的话题”持续延伸后，并未得到更好的创意或最佳方案。

有时像这样持续地讨论“跑题”“不太清楚”的话题，会使场面变得混沌不清。这就相当于一场始终没有进展的讨论会，参会者也会心生不安，“这能在预定时间内得出好的方案吗？靠谱吗？”“两周后就是展示会了，必须尽早写方案策划书了，可这……”

然而，我们不能因为遇到这样的瓶颈就停止思路的扩散，有时候在扩散的过程中，混沌的场面是必不可少的。

在思路扩散的过程中，最重要的是不恐惧混沌的场面。要相信，好的方案就在混沌的彼岸。

有时候，碰头会出现混沌的场面，反而是我们期望的。我们甚至认为“没有混沌，就没有商谈的必要了”。

在扩散的过程中，要切忌“走捷径得出方案”，要有意地“脱离”主题，多绕远路，尽可能让自己的思路走得更远。

选择自己最近在思考的主题，以“脱离”主题的方式扩散思路，记录下由这种方法得到的好创意或方案：

THE END

闲聊≠乱聊，要给思维画上“边界”

给碰头会设定一个“主题”

虽说扩散很重要，但并非胡乱地抛出议题。要在有限的时间内，有效地产生“混沌”的氛围，如何扩散思路就显得尤其重要。在这里，我们将博报堂碰头会扩散思路的方法比喻成一个“圆”，我们用“360 度拓展思考”来描述扩散。

扩散思维，就好像在画一个圆。画圆，得画“圆心”和“圆周”，我们可以把二者分别对应为“碰头会的议题”和“思维的界线”。“圆心”和“圆周”如果画得好，既有利于参会者扩散思路，又益于接下来的“收束”。

关于“碰头会的议题”和“思维的界线”，我们举一个具体的例子来说明。

首先是找到合适的“碰头会议题”。

有一个牙膏厂商向我们咨询“如何应对产品同质化进程中的牙膏市场”。

所谓“产品同质化”，一般指的是消费者在选择购买产品的过程中，由于产品的功能性利益与竞争产品相同，而被竞争产品替代，竞争产品就成为我们的替代性产品，我们的产品和竞争产品就形成了产品同质化。大家想一想超市、药店的牙膏柜台，就容易理解产品同质化的情况了。

如果把“如何应对产品同质化”这个问题作为碰头会的议题，那么讨论的范围就变得太过宽泛，难以找到突破口。

于是博报堂的一名广告设计师就向客户提出了下面的问题：“我家里有两个孩子，他们都讨厌刷牙，每天都在想怎样才能不用刷牙。还有，博报堂的男性员工中，午餐后刷牙的只占10%。为什么产品都已经出现了同质化现象，而刷牙这件事却还没有成为大家的习惯呢？”

面对突如其来的问题，客户的回答莫衷一是，碰头会也因此热火朝天地展开了。于是这个项目的议题就变成了“为什么刷牙还没有成为习惯”，而不是“怎样应对产品同质化”。

所以事前决定好的议题并不一定会被选为最终讨论的核心。特别是像“产品同质化”这样的专业名词，如果大家对它的理解有差异，尚未达成共识，那么在讨论中极易发生龃龉。

所以，参会者首先要审视议题，寻找一个最合适的讨论核心，这才是最重要的。

能在短时间内画出界线的“极限竞赛法”

找到议题之后，接下来就是不断地拓展思路。只是，有时候即使你无止境地扩展下去，实践上也不可能达成。这个时候，就应该学会给思维的发散画一个界线。

首先要明确“思维发散到哪里是极限？从哪里开始就已经脱离了议题”，这样就很容易得出方案。

在这里，我们通过一个案例，来介绍一下博报堂咨询部门的一名男同事所采用的“极限竞赛法”。运用这个方法，可以快速画出思维扩散的界线。

A 公司是一个与能源相关的企业，准备参与策划智能房

将创意当成“圆”，而不是“点”来思考

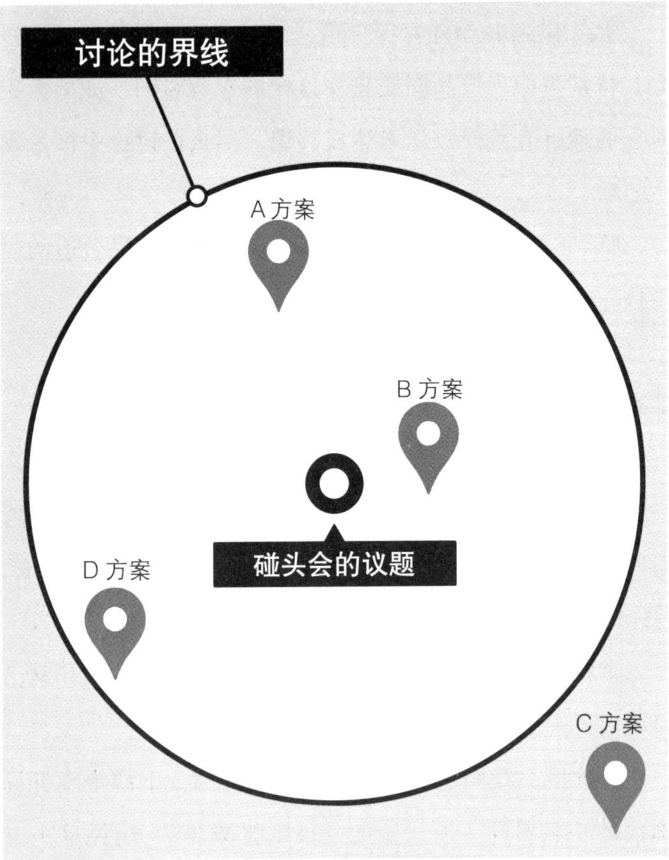

明确“思维发散到哪里是极限？从哪里开始就已经脱离了议题?”，就会容易找到最优方案。

屋[①]项目，而博报堂负责帮助其进行“未来前景规划”。

这名男同事和 A 公司的负责人召开了项目研讨会，讨论“A 公司未来的事业所能涉猎的最大范围”。

首先他们准备了很多卡片，上面分别写着“洗衣店”“酒店”“农场”“共享汽车”“游戏应用软件”等与住宅没有直接关系的关键词。然后，大家一起逐个研究这些卡片，讨论这些是否属于公司未来会涉猎的范畴，最后的结果是，“如果 A 公司策划智能房屋，是想让客户觉得家是个人心灵休憩的场所，那么涉猎领域就一定有边界”“那么像酒店、游戏应用这些与他人共有的设施，就没有边界可言”，如此一来，A 公司所要关注的领域就清晰起来了。

像这样，如果想要得到意料之外的方案，那么除了预算、时间等因素，还需要考虑“能想到的方案的界线在哪里”。

于是，界线清晰后经过多次的碰头会，不着边界的方案就会不断减少，与众不同的新方案也会很快产生。

参会者会在不知不觉中打开思维的牢笼，这就是扩大思维极限的益处。

---

① 智能房屋，是指利用信息技术管理家庭能源消费的节能型住房。它通过网络将空调、电视、冰箱等家用电器及照明器具、厕所、浴室等连接起来，根据消费者的需求提供服务。

碰头会基本原则：将想到的点子全部提出来

为点子的扩散创造氛围

博报堂有一句口头禅叫“摊开来说（On the Table）”，意思是参会者在思维扩散的过程中，毫无保留地提出能想到的所有方案。

但往往有很多阻碍我们提出所有方案的因素，比如在第一章中，我们提到的“人们总是在不经意间在脑海中对自己能想到的方案进行了取舍，认为似乎与主题无关，所以不需要讲出来”。除此之外，还有一个阻碍我们无所顾忌提出所有方案的因素，那就是会议中所谓的“察言观色”。

“在这种场合，资历尚浅的我要是提出自己的意见，会不会让前辈们觉得我太自以为是了？”

“我要是提出与上司相左的意见，会不会得罪上司呢？”

“我对其他部门的方案提出建议，会不会被认为是多管闲事呢？”

上述情况数不胜数，尤其很多日本人总喜欢“察言观色”。

当然，尊重对方的立场，为对方考虑固然重要，但是如果过度解读，则会影响思维的扩散。特别是刚入职不久的员工，经常由于太过在意前辈和上司的想法，而不敢说出与他们意见相悖的方案。

博报堂非常了解这一点，因此，在碰头会中，前辈和上司会经常呼吁：“大家好好思考，有其他想法可以自由发言啊。”“还没发言的同事觉得这个方案怎么样？”

新员工由于经验不足，发言很容易偏离主题。但是，在思维扩散的过程中，这种偏离主题的意见往往会成为意想不到的突破口。

就某一主题，写下你能想到的所有点子，然后从最偏离主题的那个切入，看能有怎样的新突破：

THE END

碰头会主持人应该懂得：兼顾会议氛围和会议流程

顺利推进碰头会的五大要点

一般的碰头会，多是由公司的上司、资深员工或者项目主管来主导。在博报堂恰恰相反，偏偏是让资历尚浅的员工来担任会议的主导。因此，博报堂的大多数员工基本都主持过碰头会，也已经习惯了主持碰头会。

一旦有过一次碰头会的主持经验，就会对会议现场的气氛和流程有所了解。如此一来，当自己作为参会者参加讨论时也会留意会议的氛围和进程。

主持碰头会的要点，主要有如下几个：

要点 1：会前预留个人思考的时间

博报堂的碰头会禁止“空手而来”。在会议开始时才告诉大家议题，让大家立即拿出方案的情况是不可能发生的，需要会前给大家预留让想法发酵的时间。

我们在上下班途中或睡觉前，有时候会突然灵光一闪，妙策频出。因此要提前把碰头会的信息（客户需求的内容等）传达给参会者，让他们在开会前有充分的思考时间。

要点 2：召集想法各异的成员

如前文所述，碰头会的关键流程在于“扩散”，不同类型的人凑在一起，更利于各抒己见，更益于思维的发散，这样也容易创造出催生好方案的环境。

要点 3：掌控参会者发言的时机

出色的碰头会主导者，甚至可以左右“在某个时间点，让某人发言”。

市场部的一名管理岗位的员工提到，可以根据参会者的特点，区分各自的发言时间。

比如，“喜好讨论型”的人适合查明问题，而不善于解决问题，因此要让他们早点发言。而“发散思维型”的人虽然容易脱离主题，但也会带来意想不到的想法，因此不太需要限制他们发言的时间。在讨论完所有可能性方案之后，要回头问一下“谨慎型”的人的想法，他们会给你冷静而敏锐的意见，所以这种类型人的意见要特别看重。像这样，区分出每个人的发言时机，是一件非常重要的事。

要点 4：第一次碰头会后，要做大致的分工

碰头会的次数虽然没有明确规定，但是多数的项目一般都要开 3 ~ 4 次碰头会。

在第一次碰头会后，与会者如果能形成一个共识——朝这个方向探索大概会得出好的方案，那么就可以将诸如“你从这儿深入，我从那儿探索”“你具体操作，我宏观把控”这样的任务分配给大家。

要点 5：领导必须准备多个方案

比起会议主导者，领导的使命更为关键，领导们更要重视提案的数量，充分地准备多个方案。

经验和职务越高，就越容易摆出一副“高高在上”的样子。虽然博报堂一直贯彻“人人平等，创意至上”的理念，但是领导的话仍然有一定的影响力。“领导提出的方案就是最优”，这种情况也不是完全没有。

下属往往很难违背领导的意愿，而领导如果只拿出一个方案，就极有可能成为一言堂，因此，领导更应该率先拿出尽可能多的方案。

把握收束时机，让碰头会“模糊不清”地结束

把握“收束”的时机

经过“扩散”阶段全方位地探讨了各种方案后，就进入到了“收束”阶段。在“收束”阶段，要对扩散的方案进行甄别取舍，按照关联性整理出几大类别。

从“扩散”阶段过渡到“收束”阶段，并没有特定的标准，基本上全靠参会者的感觉，也就是当大家觉得某个方案可以深挖下去的时候，就可以“收束”了。如果非要说一个标准的话，那就是参会者讨论最兴奋的时候。

在“扩散”阶段没法让人兴奋的方案，到了“收束”阶段依然不会让人为之一振，所以“扩散”阶段也可以理解为“寻找令人兴奋的方案的阶段”。

必须留意的是，在碰头会中，当 3 个以上的参会人员对

某个方案有强烈兴趣时，就可以对其进行深入探讨了。因为除了提议者本人，如果还有 2 个以上的参会者觉得某个方案不错的话，那么这个方案中往往会有新的发现。

不要轻易做会议总结

除了闲聊，博报堂的碰头还有一个特别之处，那就是碰头会的“结束方式”。

我们经常会刻意模糊地结束碰头会，不会明确地说确定了什么，还有什么有待确定。

从不同的角度延伸议题，有时候会产生“这个方面似乎有可能性”“总觉得哪里不太合适”等疑惑。每当这时，我们都不会急于当场深挖，而是先搁置。

一般人可能会认为“只要开了碰头会，一定要得出最后结论”“没有结果的碰头会纯属浪费时间”，可博报堂不会勉强为之。

我们会经常说，“好，那就先这样吧”，尽管“这样”是怎样，我们也并不清楚。总而言之，经常是先结束会议，等到下次会议再继续。

这样做是因为，在下次会议到来之前，这些本次会议中提出的相关问题，会无意识地在我们的脑海中被重新整理，有时会灵光闪现，产生新的想法，找到新的突破口。

过于集中在一个主题或方案上，可能会束缚我们的视野，局限我们的思维，因此也没有很大的讨论价值。

暂时搁置、忘却、抛开议题，更能让我们客观地审视存在的问题。

小结

☆ 好方案的诞生，离不开独出心裁的“扩散”，讨论越扩散，方案的质量就越高。

☆ 给思维的发散画一个界线，界线清晰后不着边界的方案就会不断减少，与众不同的新方案也会很快产生。

☆ 是否能想出足够多的方案，在很多时候并非是创意能力的差异，而是是否具有发散性思维。

☆ 扩散的过程中最重要的不是挖掘主题，而是探索“主题的周边”。要有意地“脱离”主题，尽可能让自己的思路走得更远。

☆ 尊重对方的立场，为对方考虑固然重要，但是过度解读，则会影响思维的扩散。参会者在思维扩散的过程中，要避免察言观色，要毫无保留地提出能想到的所有方案。

☆ 碰头会五大要点：会前预留个人思考的时间；召集想法各异的成员；掌控参会者发言的时机；第一次碰头会后，要做大致的分工；领导必须准备多个方案。

☆ 在“收束”阶段，要对扩散的方案进行甄别取舍，按照关联性整理出几大类别，但不要轻易做会议总结。

☆ 过于集中在一个主题或方案上，可能会束缚我们的视野，局限我们的思维，暂时搁置、忘却、抛开议题，能让我们更客观地审视存在的问题。

专栏

碰头会就像“米糠酱”

北风胜

博报堂常务执行董事、执行创意总监[①]

以日本电视节目 *Wide Show* 现场广告策划人的身份开启职业生涯，担任过电台广告、平面广告的撰稿人，一步步成为电视广告的创意总监，在日本广告界获得过很多奖项。之后进一步将自己的事业扩大到数码领域，获得在各种不同领域的国际广告奖。2012 年，他带领博报堂获得亚洲第一个“全球数码互动广告领域获奖最多的广告代理商（The Most Awarded Agencies in Digital in the World）”大奖（全球广告创意报告 *The Gunn Report*）。他的业余爱好是书法、油画、陶艺等。

① 相关任职信息截至本书在日本出版当时。

意想不到的创意就在“米糠酱”中

我在博报堂工作了30多年，参加过各式各样的碰头会，所以深知不同的会议组织方式会带来不同的效果。

但是，我并未觉得我们碰头会的做法“了不起”或“很特别”。如果说博报堂的碰头会有什么特别之处，我想那就是形式多样、没有固定规矩。

因此，博报堂的碰头会经常是闲聊不止、混沌不清，我个人觉得就好像一缸“米糠酱”。

我们的碰头会既没有效率，也不太合常理，好似将手伸入“米糠酱”里，在黏稠的酱汤中寻找美味的酱菜。

如何使摩擦能量最大化

与一般公司的会议不同，博报堂的会议有两种，一种是分享信息的“信息共享会议”，另一种是A与B碰撞产生C的“创造力（想象力）会议”。我们将后者称为碰头会。

所谓“创造力（想象力）会议”，包含着创造力和想象力[①]两种意思，博报堂一直以来都坚持开这样的“创造

① 日语中“创造力”与“想象力”两词的发音同为SOUZOURYOKU。

力（想象力）会议”。因为我们相信“碰撞”才能发掘出创造力和想象力，这也可以称为“创造力（想象力）资本主义”。

想要在碰头会中催生创造力和想象力，前提条件是“参会者要在会前充分地思考”。

这样一来，参会者带着各自经过深思熟虑的想法、解决方案，相互碰撞，于是碰头会就变得混沌不清、摩擦不断。

我认为，只有将这种摩擦能量最大化，才能最好地发挥出团队的创造力。

如果没做任何会前准备，赤手空拳地参加碰头会，那就会沦为彻头彻尾的闲聊。参加碰头会，一定要携“刀（想法）”而来，刀光剑影之中方能迸射火花。不带刀，如何有摩擦？

领导务必身先士卒

尤其是和新人们一起开碰头会的时候，我总是提醒自己“在参会前要比其他参会者思考得更充分”。于是，心里就会产生“按照我说的来做吧”“就用我这个方案吧”这类念头。

但是，我必须克制自己不要把这些念头说出来。因为身为领导一旦说出这种话，就真会成为会议的最后决定了。

因此，在碰头会中，我总是留意有没有比我更优的方案。如果有，便可以加以采纳。不过，难的是没有出现更优方案的时候。即使这样，我也不会轻易做出决断。

我会寻找和我的方案相似的员工，然后提出问题："你说的方案具体是怎么回事？""那个方案是不是也可以这样理解？"如此一边提问一边启发他（她）的思路。换句话说，就是把我的方案移植到他（她）的身上。

虽然从结果上说，这名员工的想法与我心中的方案差别不大，但是该员工会感到是自己的方案被采纳了，如此一来，员工的工作积极性自然会提高。

意见相左，剑拔弩张

我认为碰头会应该在愉快的氛围中进行，所以往往会准备些点心，鼓励大家闲聊畅想。即便如此，有时也会因为观点相左而针锋相对，气氛难免剑拔弩张。

不过我觉得，气氛稍微紧张也是好事。员工之间因为才华碰撞，造成的紧张气氛，完全不必担心。这其实是摩擦能量渐强的表现，经过一番据理对抗，冲突便会缓和，不必刻意安抚。

碰头会的重点不是让会议风平浪静无事而休，或是参会者其乐融融地和睦相处，而是发掘出创造力和想象力。

有时候讨论进行到白热化才是碰头会的最佳状态，而让摩擦能量达到最大化则是领导的职责。

第3章

博报堂『说』『问』6法则

“说”“问”小变化，效果大不同

交流中的 6 个基本规则

前面我们介绍了博报堂碰头会的基本机制。除此之外，还有一点不得不提，那就是“说话”与“问话”的规则。

这个规则不仅限于碰头会，还渗透到整体的日常沟通交流中，甚至可以说是博报堂内部交流的基本规则。

遵循这个规则，并且按照前文所述 4 个步骤开展碰头会，势必会进一步提高会议的质量。

以下便是博报堂关于“说法”和“问法”的 6 个规则：

规则 1：想法要写在纸上

规则 2：区分方案和理念

规则 3：不要提“原则”或“应该”

规则 4：要有“扑朔迷离的交流”

规则 5：不要完全否定任何一个意见

规则 6：尝试站在他人的角度思考

接下来，我们将逐一解释这些规则。

规则 1：想法要写在纸上

通过写出想法，达到 3 个效果

在博报堂总部，有 200 多间会议室，大多数会议室里都备有 A4 纸和签字笔，为的是在开碰头会时记下好的想法和意见。

将想法写在白纸上，会有如下的效果。

· 手写出来的话，会有一种未完成、尚处在构思阶段的印象，更容易表达出想法。

· A4 白纸的空间比便笺纸大，便于画图描述。在表达想法时使用图画，更有利于他人理解。

· 在 A4 纸上可以写大字，思路也更容易扩散。

另外，由于会前需要想好方案，为了将这些方案分组，博报堂会要求参会者按照“一张纸一个方案”的原则，带着各自的 A4 纸来参会。

将“个人的想法”变为“大家的想法”

博报堂总部会议室的墙壁，基本上都是白板。在会议中产生的方案，可以直接写在上面，或者将写有方案的纸贴在墙壁上。

为什么要这样做呢？这是为了让所有参会者共同研究。此外还有一个效果就是，贴在墙上的方案，会在无形中从个人的想法转变为大家的想法。

如果只是单纯地口头阐述方案，一旦有人对方案提出否决意见，方案提出者可能会觉得这是针对自己个人的批评。

但是如果是写在纸上贴出来的话，就算有人提出否决意见，也是直接针对方案，这时候方案提出者也能坦然接受，同时也可以客观地重新审视自己的方案。

虽然大家都懂得团队合作形成新创意的重要性，但是对自己提出的方案总会有一些个人情感和坚持。把方案贴在墙上，可以减少这方面的感受。

需要说明的是，把方案写在纸上贴起来，必须采用“不署名”方式。在“不署名”的情况下，可以不用看领导的脸色，能更自由地发表意见。没有了“是谁写的”的顾忌，就能更加客观地进行评价。

视线上移，让会议气氛更热络

一般公司的碰头会，参会者会时常盯着配发的会议资料以及自己带来的笔记本，所以他们的视线一直是朝下的。

当把方案纸贴到墙上的时候，参会者的视线会转移到墙上。不可思议的是，当视线变高了，参会者的积极性也会变高，会议的气氛也会变得更加热络。

因此，建议各位读者们尝试这种方式。

将脑海中出现的想法和点子写下来，培养自己随时记录想法的习惯：

THE END

规则 2：区分方案和理念

“竞争”转变为“共创”

在以决定方案为目标的碰头会上，参会人员会提前准备好自己的方案。博报堂碰头会的现场，会给人一种“试问谁能夺标”的既视感。

到目前为止，我多次说到“博报堂是依靠团队的力量得到最终方案的”，所以，“夺标”这种画面，或许会令读者觉得强调个人之力多过团体之力。可是博报堂人眼中的“锦标”不是方案，而是理念。特别是在第一次的碰头会上，最重要的不是方案本身，而是达成某种理念这个共识。

比如有这样一个课题：请策划一个以“加强员工凝聚力”为目标的活动。有三名员工分别带来了如下几个方案。

员工A：举行保龄球大赛，让大家放松心情。

员工B：组织大家带上家人一起露营烧烤，让大家更加亲近和睦。

员工C：在办公室放置一个书架，每名员工带一本自己推荐的书放在上面。

这种时候，我们讨论的不是采用哪个方案，而是这些方案里包含着怎样的理念。

每个方案的背后，都有各自的“意图”。比如员工C“在办公室放置书架”的方案，里面包含着这样的理念：通过员工拿来的书籍，可以了解工作以外、休闲状态下员工的兴趣和关注的事情，这样可以加深员工间的相互了解。

因为本次的主题是“加强员工的凝聚力”，所以比起通过单纯的保龄球大赛或烧烤来活跃气氛，C的方案或许更有效果。

于是，本次方案的理念就定为“了解身边的同事”。除了“放书架”，应该还有很多了解同事的性格、兴趣的办法。

之后我们在员工C的理念的指导下，再次搜集新的方案，就一定会出现完全不同的创意。

这就是“夺标”，不是通过具体方案，而是在理念的层面上，争夺“锦标”。

这种具体方案和抽象理念之间来回转换的创意方法，在博报堂入职培训中所学的KJ法中也会使用，这是博报堂发想新创意的基本规则。

需要特别提到的是，在前期的碰头会中，发言者与听众都会将“方案”与“理念”区分开，再进行讨论。

策划一个活动，然后提出自己的方案，思考其中包含的理念，体会“方案”与“理念”的不同：

THE END

规则 3：不要提“原则”或“应该”

一定要用“自己的话”说

“按照公司的做法，应该这样做。”

“原则上应该这样做。”

……

在博报堂的碰头会中，像“应该……”之类的话是禁忌，我们要求必须用“自己的话”来表达。

“自己的话”，就是坦诚地说出真心话。碰头会中最重要的就是参与者都要说真话。不是“站在公司的角度应该如何做”，而是站在生活者的立场考虑，像“我希望有这样的东西出现”“我想试试这样做”等，都是我们想听到的想法。

凡事都遵循“原则”，很容易陷入固定思维。但当大家都做“自己想做的事”时，个人和团队的热情都会有所提高，最终形成的创意的质量自然也会提升。

说话时不要带头衔

“作为项目经理，您有何高见？”

“营销部怎么看？”

……

在碰头会中像这样带头衔、部门名的对话也是不可取的。与年龄、性别、职务、职责、立场无关，参加碰头会的人都是平等的。在讨论中如果带上头衔和部门名，无意间便会造成互相牵制、过度顾忌的气氛。这样的气氛，会让参会者思维变僵化。因此，我们需要打破上下级以及部门意识的壁垒，创造一个能够安心、自由地表达想法的空间。

规则 4：以“扑朔迷离的交流”为善

欲擒故纵

在博报堂的碰头会中，无论你提出的意见如何离奇，也没有关系，大家反而更乐于接受这样的意见。

在一般的碰头会上，经常能听到“是或不是（Yes or No）”这样直白的对话。

“你觉得这个方案如何？”

“不行啊！”

“那，这个怎么样？”

“嗯……也不太合适。”

“那么，这个呢？”

“也不对。”

……

如果用棒球中的传接球来形容上述对话的话，就像是把球投入对方胸口一样。询问的人心里越来越迫切地想知道“到底哪种方案可以采用”，这反而会使思路变得更加狭窄。最后的结果，必然是陷入思维定式难以自拔。

相较之下，博报堂在碰头会的对话中，经常会有意地避开对方“捕手的手套”。但这并不是忽略对方说的话，这样做其实是在一点一点地试探对方能够接到球的极限范围，以寻求新的创意。一名市场部的同事把这种方式称为“统一认识”。

我们用一个具体的例子来说明。有名男同事，参加了某个家电厂商的创新企划项目，项目处于具体内容尚未确定的阶段时，他和同项目组的前辈“闲聊”。

一般的会谈都会从“有哪些措施可以激发创新意识呢”这样的话题展开，可是前辈却首先提出这样的问题：“有个方便面品牌，它们在做产品设计时，在面饼上挖了个小坑，用于煮面时放生鸡蛋。听说十分畅销，这个算是创新吗？”

那名男同事一时竟不知如何回答，过了一会儿才说道：“这个并不是完全从零开始开发的商品，不能算是创新吧。”

前辈又说：“但是，就是因为挖了一个小坑，商品才得以大卖，这就是创新啊。”

关于“创新”一词原本模糊的理解，经过和前辈的一番“闲聊”，双方终于达成了共识，这对该项目的策划起到了很大的作用。

回顾这次碰头会的经历，这名同事对我说，他们正是通过这种“刻意避开主题”的谈话，才达成统一认识的。

如果我们把一边揣测“对方希望得到怎样的东西”一边对此进行探讨的方式称作“寻求正确答案的交流”，那么这种“统一认识”的方式可以叫作“故意不寻求正解的交流”。

调整彼此的思考范围，统一认识，有助于扩展思路。在博报堂的碰头会中，这一规则一直被沿用。

思考并写出一些欲擒故纵式的提问，为以后集思广益做准备：

THE END

规则5：不要完全否定任何一个意见

即使和自己的意见完全相悖，也要倾听

碰头会中，参会者无论提出什么样的提议，都要虚心对待。唯有如此，才能产生越来越多的创意，碰头会的活力也才会被激发出来。

人在自己的意见被否决时，往往会失落气馁，之后即使有新的想法也不愿再说。因此，在集体发想创意、策划方案时，让每个员工都能感到“自己的意见被重视”，是非常重要的一件事。

每个人提出想法时，其他人都要切实地给出回应，给予一定的肯定。即使认为对方与自己的意见相左，也绝不能立即否定，要先接受，否则，碰头会就变成了“一决胜负的棒球比赛”，而不是“扩展思路的交流之所”。

碰头会上提出的方案，从某种意义上说，都是“可取方案”。

博报堂汇聚了价值观不同、性格各异的优秀人才，自然会有意见碰撞。但是不论这些意见多么另类，或者与主题多么不相关，都不能全盘否定。

当遇到不同的意见时，要以“哦，原来还可以这样”的态度虚心接受。如果能换个思路，从“为什么会和我不同呢”“为什么这个人会有这样的想法呢”的角度思考，也许会出现新的想法和创意。

规则 6：尝试从他人的视角思考

在别人的想法上，加点“料”

“这样说来，也可以这样啊。”

“啊，听你这么说，我想到了。”

……

在博报堂的碰头会中总能听到这样的话。我们鼓励参会者在听完别人的意见或提案后，先接着对方的话“搭个便车”，也就是接受该成员的意见，并顺着对方的思路，进一步展开。这样可以加速会议思路的拓展。

接受别人的意见，并不代表为其摇旗呐喊“这个想法真棒啊”，那样的话，就只是附和他人。

因此，面对不同的意见，我们除了接受，还要从其他角度就对方提出的想法表达自己的意见。

比如，先表示同意“确实如你所说”，然后再说“但是，这样是不是也可行呢”。或者，在表示赞同后，再提出“你说的有道理，不过也可以这样理解吧”。

虽然接受对方的意见很有必要，但若只是全盘接受，则不利于思路的扩展，因此应该换个角度对其进行补充。

另外，也有些人只说自己了解的事，对自己不懂的、不了解的绝不发言。可“暂且听从对方的意见”，最基本的就是“先接下对方抛来的球”。因此，说一句“这个我不太清楚”“这个超出了我的专业”而关上对话的窗口，并不是我们所期待的。

虽然对自己不太懂、不怎么明白的事情插嘴，听起来有些不负责任，但是正如我们前文说过的，这样可以起到扩展思路的效果。

小结

☆ 将想法写在白纸上，更容易表达出想法，更有利于他人理解，思路也更容易扩散。

☆ 每个方案的背后，都有各自的“意图”。我们讨论的不是采用哪个方案，而是这些方案里包含着怎样的理念。

☆ 凡事都遵循“原则”，很容易陷入固定思维。

☆ “故意不寻求正解的交流”，可以帮助大家调整彼此的思考范围，统一认识，也有助于扩展思路。

☆ 碰头会中，参会者无论提出什么样的提议，都要虚心对待，让每个参会者都能感到自己的意见被重视。唯有如此，才能产生越来越多的创意。

☆ 面对不同的意见，我们除了接受，还要从其他角度就对方提出的想法表达自己的意见。

专栏

碰头会就是“讲真话的地方”

原田曜平

博报堂品牌设计青年研究所负责人[①]

1977 年生于东京都，庆应义塾大学毕业后，进入博报堂，先后任职于博报堂战略策划局、博报堂生活综合研究所、博报堂研究开发局，现担任博报堂品牌设计青年研究所负责人，同时也是多摩大学的外聘讲师。2003 年获得 JAAA 广告奖、新人部门奖。专注于年轻人研究，在日本以及亚洲各国从事面向年轻人的市场、产品的开发。2014 年 4 月起，作为周五常驻嘉宾，参加日本电视台的晨间新闻节目 *ZIP!*。著有《叛逆青年经济消费的主角与新保守阶层的真面目》（幻冬舍）、《佛系一代：自行车被偷也不会去追的年轻人们》（角川书店）等。

① 相关任职信息截至本书在日本出版当时。

传递最新信息，提出新颖观点

不知道从什么时候开始，我在公司似乎成了“特殊的人”。具体哪里特殊也说不清楚，我想应该是我成了“研究年轻人的专家”。

一直认为广告代理公司不需要专家，可是不知不觉间，自己竟成了专家。在参加公司碰头会的时候，比起大家一起展开头脑风暴，更多的时候他们都会先问我这个专家的意见，提出“原田先生怎么看”“现在的年轻人在想些什么”等问题。

我原本就是喜欢和大家混在一起的、嘻嘻哈哈的那种人，却不知不觉中成了专家。大家好像都愿意相信所谓专家的话，所以有的时候我也充当专家的角色，特别是为顾客提出建议的时候。

说到碰头会中的交流，我有几点心得：

第一，要提供“人们不知道的信息”。

这几年我有幸参加了电视台的节目录制，公司的一般职员很少有这样的经历，因此在博报堂开会时，我有时会给大家讲一些媒体制作的幕后故事——“电视制作者其实是这样想的”或“艺人们还有这样的一面”等等。

即使是博报堂媒体部门的同事，有时候也不是很了解电视台节目制作的实际情况，所以我就分享了我的独家秘闻，并给了一些建议。这样做可以让同事们多了解一些信息，也更容易激发一些新的想法。

第二，要刻意说一些极端的话。

在我创建的年轻人研究所中，大约有 100 个大学生，他们被称为“现场研究员”。

年轻人研究所中有一个叫“与企业一起思考新产品的概念”的项目，但是这些现场研究员的创意资源贫乏，经验不足，导致他们的视野也渐渐变得狭窄。

当出现这种情况时，我会故意提出一些“极端”或“很难实现的”要求。比如“能不能生产出方向盘在正中央的汽车”“拜托贾斯汀·比伯办件事”等等。

我和青山学院大学田径队的原晋教练合著过一本书（《激发活力——“佛系青年”的教育之法》，讲谈社），通过书中的对谈可以得知，原晋教练在培养学生的过程中，一直鼓励他们要拥有“远大的梦想”。

据说在获得箱根马拉松三连冠之前，原教练多次许下豪言：“青学（青山学院）百分之一百五能拿下四连冠。”

渐渐地学生们也受到了感染，全身心地投入到训练中。

正是原晋教练给予学生们“远大的梦想”，才使得青山学院大学田径队变得越来越强大。

第三，不说谎，要真诚。

我有幸和搞笑艺人村本大辅先生交往甚厚，从他那里我学到了“真诚是金”这个道理。村本先生虽然被人称为“争议艺人”“渣男”，但是仍然拥有众多粉丝，原因就是他做人纯粹、真诚。

在碰头会上，我认为坦诚地交谈效率会更高。说假话、做表面功夫早晚都会露馅，甚至酿成大祸。所以，从一开始就要以开放包容的心态去面对，有不同意见直接提出来即可，不必拐弯抹角。

最后一点，拒绝无谓的闲聊。

在会议中，当讨论停滞不前、方向迷失时，为了转变思路、活跃气氛，闲聊是必要的。但是类似“最近怎么样”这些家长里短的闲聊，毫无意义。

碰头会是专业人士集思广益的地方，某种程度的紧张感，会使会议更加紧凑些，参会者的心情也会更舒畅些。

第④章 最好的碰头会始于『最好的闲聊』

碰头会从闲聊开始

碰头会中的闲聊是博报堂独特的商务礼仪

在第 2 章我们已经提到，博报堂碰头会中闲聊最为频繁的两个阶段是“开始”和“扩散”。当时我们介绍了“扩散中的闲聊”，所以本章主要围绕会议开始阶段的闲聊展开。

在本书策划之时，我们不仅采访了市场部、创意部，还调查了人事部、法务部、财务部等职能部门的碰头会，结果发现多数员工在碰头会开始阶段都会有意识地闲聊一会儿。

有名入职三年的年轻营销员说，他至今还记得刚入职时参加的博报堂商务礼仪培训。

和其他公司一样，博报堂的新进员工在入职时，要参加诸如交换名片、打电话等基础的商务礼仪培训。培训结束，会有一个与商务礼仪相关的测验。

这是一个非常简单的测验，就是在“开会迟到了也没关系”“可以在SNS（个人社交平台）上谈论公司业务”之类的测验题后判断“×”或“√”。

这名年轻的营销员就在“碰头会最好从闲聊开始”的测验题后自信满满地打了个“×”，但是博报堂的正确答案是“√”。

公司竟然鼓励碰头会开始的时候闲聊，这令这名营销员惊讶不已，至今难忘。

当今社会越来越重视效率，博报堂也认为“冗长的会议就是浪费时间”。

大家一般会认为，如果不闲聊的话就可以缩短会议时间、提高会议效率。但博报堂对于闲聊的看法却不一样，甚至可以说恰恰相反。

即使会议时间缩短，也要有闲聊的阶段，这样做会提高会议效率。

有闲聊的碰头会，会议效率也会提高。

之所以这么说，是因为从多次的会议经验中可以看出，很多新颖的创意都来自与主题无关的“闲聊”中。

为了开启新思路，我们会有意识地在有限的会议时间内确保闲聊的时间，而不是为了提高会议效率取消“闲聊”。

贯穿闲聊的会议现场

在采访中，我们了解到即使在人事部、法务部、财务部等职能部门，很多时候也是通过闲聊开始会议，之后才慢慢进入正题。

有名人事部的男同事说，“博报堂的员工，从入职开始就一边闲聊一边工作，都习以为常了”。

这名同事刚入职时被分配到了营销部，当他惴惴不安地在办公桌前埋头工作时，就听到他的上司一个劲儿地讲搞笑的段子，这让他很吃惊。

他的上司总是反复讲着老套的笑话，“某某，今天工作很拼啊。但是，工作还多着呢，你要拼多多啊”，惹得大家哄堂大笑。

最初看到这样的情景，他非常吃惊：“工作期间也可以这样嗨吗？！”渐渐地也见怪不怪了，他也慢慢融入到了这样的工作氛围中，心情变得放松起来，还更积极地投入到工作中。

虽然博报堂不是所有的领导都如此，但是博报堂的员工，从入职开始就身处一个“可以说废话”的工作环境中。因此，边闲聊边工作的习惯已经作为企业文化扎下根来。

这名同事调任到人事部后，虽然像 15 分钟、30 分钟这样的短会增加了，但是无论多么短的会议，大多都会借助闲聊来活跃气氛。

另一名在财务部担任中层管理的男同事在接受采访时说，“博报堂即使是有高层董事参加的会议，气氛也很轻松”。

财务部要定期召开向高层董事汇报财务数据的会议，在博报堂即便这样的会议也是从闲聊开始的。闲聊几分钟后，才会进入主题。

这名同事对我们说：“也许我说的有些夸张，但是博报堂的会议真的太随意了，有一种亲朋好友在聚会的感觉。”

由此可见，在博报堂无论是探讨创意的碰头会，还是职能部门汇报工作的碰头会，都存在“闲聊”，这样做到底有怎样的效果呢?

如果说“闲聊”最初只是为了让大家放松，那么和平时知根知底的同事开碰头会还需要多此一举吗?

事实上，博报堂如此重视“闲聊”，是因为除了放松之外，闲聊还有更为重要的效果。

那么接下来，我们基于此次采访调查，向大家介绍一下碰头会开始阶段的“闲聊”还有哪些效果。

闲聊是“说真话”前的热身运动

想说真话却说不出来

博报堂在碰头会开始阶段为什么鼓励大家“闲聊”呢?这是为了让参会者“说真话”而进行的热身活动。

在博报堂，有时候我们会把说真话比喻成“脱掉内裤”。碰头会中说出自己的真实想法，会让有些人觉得不好意思。特别是初次参加碰头会的新员工，在众人面前展示自己方案的时候，或者针对其他员工的方案谈自己意见的时候，真的感觉像是在大家面前“脱掉内裤”。

一想到“要是被人否定了，那多难受啊”“要是说错话了，该多丢人啊”，就会特别在意别人的目光，犹豫不决，不敢说出真实的想法。于是，渐渐地就爱说些漂亮的场面话。

因此，在会议开始时，闲聊可以消除害羞的心理，摆脱心理上的障碍。

“脱掉内裤”之前，必须先“脱掉裤子”。会议一开始就要“脱掉内裤”，当然会显得太难为情。所以要先从“脱掉裤子”（闲聊）开始，逐渐适应会场的气氛，直到能吐出真实想法。

闲聊其实就是“脱掉内裤”前的准备活动。

制造“轻松的氛围”，引导年轻人发言

参会者的视线应保持一致

过分地重视效率，不让讲多余的话，会令会场的气氛过分拘谨，特别是让年轻人不敢说话。

对于新人或年轻员工来说，在碰头会上发表自己的意见是需要勇气的。他们对工作业务尚不熟练，有时候会跟不上会议的节奏，突然被问到“你有什么意见”的时候会感到不知所措。

然而，闲聊的话，新人或年轻人就能轻松地加入。因此，在会议开始或进行过程中，夹杂些闲聊，便能缓解参会者的紧张，创造出“无关资历或职务，尽可直言”的氛围。

担任市场部中层管理的一名男同事认为，“要提高碰头会的质量，重要的是创造让年轻员工们能够拿出好方案的环境”。

要创造轻松活跃的环境，就要让年轻员工感到“某某领导也在听我发言”。为此，领导的目光要落到发言人的身上。

这名中层管理者表示，说实话，有时候真的跟不上年轻人的思维。每逢此时，他就向他们请教：“你们刚才说的是什么意思？”

“比如‘ONE OK ROCK①’，对我们这些大叔来说就不知其为何物。但是我只要愿意听他们想说的，他们就会感到很高兴、很安心。”于是，他在碰头会开始时会积极地和年轻员工们闲聊。

法务部有位女经理，在部门专门立了个会议规矩，鼓励大家积极“闲聊”。

虽然只有法务部门的 6 名员工，但据说部门会议一直都按这个规矩进行。

“会议开始的 5 分钟称为‘破冰时间’，由每次会议

① 日本的一支摇滚乐队。

轮流担任的主持人提一个问题，例如‘最近看了什么电影’‘暑假去了哪里’等等，然后每一个员工都要回答。

“通过无关紧要的闲聊，让气氛轻松活跃起来后，就和其他公司的部门会议流程一样，汇报各自负责业务的进展和要点，其他员工发表意见。

“另外，业务汇报完后，我们会确定一个主题进行自由讨论。比如，讨论‘网络著作权’的问题，有时我们也会采用KJ法，让所有员工一起讨论并提出各自的意见。”

据说闲聊之后再进行业务汇报或讨论，员工们的发言会更加真实和坦率。

这位女经理特别重视的就是，让所有参会人员都能公平自由地发表意见。

她在年轻的时候，就是由于畏首畏尾，顾忌过多，担心自己的发言会给大家添乱，最终也没有说出自己的想法。而结果往往就是积极发言的人的意见更容易被采纳。

自身经验的缘故，她在成为经理之后，便开始想办法“让平时沉默内向的人也能公平积极地发言”。再者，对新人来说，这位经理和自己的年龄差距过大，交流的时候自然会感到紧张，提问题时也是犹犹豫豫，说不出话来。

因此，这位经理一直有意识地让自己放低视线。召开部门会议时，一定要先为现场气氛“破冰”，汇报业务的过程中她也会插科打诨调节气氛，这些都是为了营造“公平交流的氛围”。

通过闲聊摆脱职务等级的束缚

主语变为“我”

闲聊可以让员工在碰头会中轻松地说出真实想法，可以让年轻人缓解紧张感，“脱掉内裤”。

另一方面，闲聊对资深员工也有效。虽然老员工在碰头会中发言时不会有紧张感，但是他们身上有长年职场经历形成的“职务等级”的束缚。

如果在会议之初，通过闲聊让大家抛弃这方面的顾忌，老员工自然也能畅所欲言。

人才开发部的一名男同事认为，“要拿出出人意料的创意，最重要的是摘下‘人格面具’”，这里所说的人格面具，简单来说，就是“人们无意中背负的职责和所处的立场”。

参加碰头会的成员，都有各自的立场和职务，但是如果大家都站在“市场部”“营销部”“创意部”等各自的立场来讨论，很容易陷入固化的思维。当你说出“站在营销的角度应该这样……”“站在创意的立场看……”等话时，你的视野就已经变狭窄了。

因此，忘记各自的职务、立场，作为一个“生活者”去思考，以“我”为主语来发表意见。

前面提到的那名男同事想到的“摘下人格面具”的办法，就是在碰头会开始前进行“签到”。这里所说的“签到”，是在进入碰头会的正题之前，用一句话介绍一下各自“当下的心理状态”。

在“签到”时，参会成员们会抛开职位差距，描述自己当下的真实心情。由于每个人都在袒露心扉，自然就形成了畅所欲言的会议气氛。

无所谓聊什么内容，比如“我本想在上周六做完的工作，可到了这周一还没完成，糟糕透了”“今早桌子上堆满了文件，真是压力山大”“昨晚不小心喝多了，还没睡醒，不好意思”等等，这些都可以。

规则只是“如实地讲述当下的心情”以及“不能批评、否定他人”。随着“签到”的进行，“在这里可以说真话”

的会议氛围无形中就形成了。

同时，通过相互袒露自己的心情、状态，可以了解各自的为人性格，更加深了团队的凝聚力。

“签到”为以“我”为主语进行发言做了准备，因此之后的发言就脱离了“人格面具”，更加真实，对主题的思考也会更加深刻。

到此为止，我们介绍了碰头会开始就进行“闲聊”的第一个效果：参会人员说出真心话的准备活动。

我们对几位同事的采访中也曾提到，关于“闲聊的时间”，因人（碰头会的主导者）而异。

有时候会议开始时不做深入的闲聊，只是稍微调侃下某个员工；有时候是在碰头会的中间占用一些时间深入闲聊一会儿；有时候是闲聊与主题夹杂在一起，不作区分；还有些时候是当讨论陷入困境时，专门设置“5 分钟闲聊时间”，与碰头会主题区分开。

总之，博报堂碰头会闲聊的时间和形式各异。平均来看，1 小时的碰头会，会议开始的 5 分钟用于闲聊；2 小时的碰头会，会议开始的 10 ~ 15 分钟用于闲聊。

经过闲聊，会议气氛活跃后，才说“那么，我们开始今天的会议吧！今天一起来讨论……”，以这样轻松的状态进入会议正题。

通过“发散话题”，拓宽视野

闲聊带来的“余白”

碰头会开始阶段进行“闲聊”的第二个效果是“拓宽视野”。

在探讨方案时，有时不必过于集中在主题上。在寻找某个问题的解决方案时，如果只聚焦在这个问题本身的话，思想和创意都会受到局限。

为了避免这种情况出现，可以在会议中适当穿插一些闲聊。“闲聊”有着“发散话题”的效果，能够较好地把握与主题的关联。

咨询部门的一名女同事认为，“即使不知道能否带来好的创意，也要把想法都说出来”。

在与某化妆品厂商的碰头会上，讨论的主题是“什么是日本美”。这时这名女同事突然想起过去的房子里有壁虎，于是就说：“以前家里墙壁上总会有壁虎啊！”

她突然的发言，让在场的人都感到很疑惑，“欸？怎么说到壁虎了？”但当某个人接着她的话回应“这么说来，享受人与自然的和谐共生，也是日本美的一个特征吧”时，碰头会的讨论就随之热烈起来。

在碰头会的开始，即使是离题甚远的小话题，也要做到直言不讳，这就是博报堂碰头会的做法。有时这个小话题会拓宽人的视野，得出更好的创意方案。

参加碰头会的成员来自“营销”“制作”“设计”等各个部门，立场、职责互不相同。很多员工长时间和这个产品打交道，拥有丰富的相关知识。但如果这些员工只局限于自己的立场和职责，就无法发现作为“生活者”的本心。

想要找到打动人心的创意，就要暂时忘记自己的身份立场，回归生活者本我。

通过碰头会的闲聊，我们可以从中辨别取舍，找到作为“生活者”的观点——“我觉得是这样的……”

可以说，在碰头会最初刻意地展开稍微远离主题的闲聊，就是为了得到拓宽视野的效果。而这个效果，并非仅限于参会人员较多的碰头会中。

人事部的一名男同事非常重视面对面的交流，因为他觉得“通过电子邮件和电话的沟通，最终不过是联络业务”。

人事部和其他部门员工的联系，很多时候只需要通过内线电话或电子邮件就可以解决。可这名男同事宁愿费点周折，也要面对面地和相关员工交流。

我们问他为何非要这样做时，他说：“这样获得的信息更多，能听到不少有趣的内容，更容易发现解决问题的线索。”

在传达工作事项之前，短时的闲聊或是轻松的交流，有时可以触发新的灵感，让人豁然开朗。

在博报堂，没有人把碰头会、短时间的对话沟通看作麻烦事，相反很多员工乐在其中。

直接见到对方，面对面地闲聊，这样的谈话会产生“余白”，新的想法便会浮现出来。所谓余白就是“思想的延伸”。

在碰头会和简单工作会谈的开始阶段闲聊片刻，能够“拓宽视野”“留得余白”。这也许就是打动生活者内心的一把创意钥匙。

写下在闲聊中触发的灵感与创意：

THE END

通过闲聊观察员工的状态

根据员工的心理状态，改变会议组织模式

碰头会在开始阶段进行“闲聊”的第三个效果，对于领导来说很重要，即领导可以通过闲聊观察员工目前的工作状态。

通过碰头会开始阶段的闲聊，可以掌握对方喜欢什么、对什么感兴趣、现在处于什么状态等信息，以此判断员工们参会时的状态。

如果员工闲聊时兴致不高，那可能有很多原因，比如“不善于聊天”“觉得闲聊没有意义”“对话题不感兴趣”“很疲惫”，等等。

“闲聊”在提高团队工作效率方面，也发挥着巨大的作用。据前文我们采访的法务部的女经理所讲，即使他们已经形成了说真话的会议氛围，在会议开始阶段仍要闲聊片刻。

因为无论多么熟悉的员工，每天的心情都是在变化的。在“破冰时间”问问年轻员工“最近都在什么地方约会呢”“最近有什么烦恼的事情吗”，不仅可以缓和气氛，还能够了解年轻人的兴趣和烦恼，便于工作上的沟通。

担任财务部门中层管理的一名男同事认为，“闲聊是让年轻员工敞开内心的契机”。

一些职能部门每年都会分来几个新人，但是和广告业务部门（创作部、营销部等）的新人相比，他们的“菠菜型[①]”会议要多一些。因此，这名男同事就制造了一些开创意型碰头会的机会，积极邀请新人和年轻员工参加。

这些新员工中也有些人会担心“自己经验、知识不足，害怕犯错误”，或者疑惑“自己的意愿是做广告制作的工作，为什么不让我去业务部门呢”……从而不愿打开心扉。

于是，为了使他们放松心情，这名男同事就主动发起了闲聊，让大家能轻松地发言，同时也了解了这些年轻人的心理状态。像这样的闲聊，可以在短时间内把握参加碰头会员工的心理状态，然后根据员工的心理状态，合理运作碰头会，定然会提高会议的效率。

---

① 即流程为“汇报—联络—讨论”的日式工作模式。

碰头会就从“这个杂谈”开始

生动的例子可以活跃气氛，引发共鸣

闲聊的内容可以是“周末看了什么电影”，也可以是“早上上班路上遇到什么人”等，基本上是畅所欲言，但是选择任何人都可以参与的话题，会更容易使气氛活跃起来。

咨询部的一名年轻女同事认为，闲聊的时候，“要选择大家都能搭上话的话题”。比如，在刚过完春节的时候，碰头会选择以“大年三十看了什么电视节目”这个话题开始。由于工作性质的关系，大年夜会有比较多的人看电视，因此，这个话题参会人员都能参与。

另外，如果在闲聊中使用“生动的语言”“具体的例子”，讨论会更加热烈。

市场部的一名男同事提到，有一次他们的碰头会就是从

这样的闲聊开始的。

“我今天做了胃镜，有些不舒服。大家平时是做胃镜还是鼻镜呢？”

到了某个年龄阶段，某种程度上都有做胃镜、鼻镜或者胃钡餐检查的经历。正好那个时期处于健康体检时期，大家就可以谈点自己的健康状况，气氛很热烈。即使是没有这些经历的年轻人，也会好奇地问道：“那是什么感觉啊？疼吗？”这样话题便能够延伸下去。

如果闲聊的话题太过抽象，人们就无法继续下去。相反如果讨论的是一个具体的问题，大家就会很容易被话题吸引。

此外，讲一些自己的真实经历要比讲那些听到的传闻更能引起大家的共鸣，讨论也会更热络。特别是当年轻员工谈自己日常生活的时候，很多年长员工会觉得很新鲜。他们会兴致盎然地倾听年轻员工的谈话，抛出自己的疑问，有时候还会从年轻员工的日常生活中找到很多工作的灵感。

咨询部的某位年轻女同事说，在闲聊中她都会谈自己的日常生活经历。比如，当谈到“最近在我们同龄人中流行这样的东西”时，年长员工们也会听得津津有味。

这位年轻员工意识到，“大家需要的不只是年轻人的想法，还有年轻人的日常生活经历”，所以在碰头会的开始阶段或日常的对话中，她都会尽可能具体地讲“最近经历过怎样的事情”。

闲聊虽无固定标准，但是将一个具体的事件充分地表达出来，并让其成为一个大家都可参与的话题，没有一定的沟通能力是办不到的。

每天都想着碰头会的开始聊些什么话题，会使我们接收外界信息的触角更加敏锐。

小结

☆ 很多新颖的创意都来自与主题无关的“闲聊”中，有闲聊的碰头会，会议效率也会提高。

☆ 在会议开始时，闲聊可以消除害羞的心理，摆脱心理的障碍，逐渐适应会场的气氛，并能慢慢吐出真实想法。

☆ 闲聊可以营造轻松活跃的环境、公平交流的氛围，让平时沉默内向的人也能积极地发言。

☆ 通过闲聊，忘记各自的职务、立场，作为一个“生活者”去思考，以“我”为主语发表意见，这样每个人都能袒露心扉，自然就形成了畅所欲言的会议气氛。

☆ 刻意地展开稍微远离主题的闲聊可以发散话题，拓宽视野，得出更好的创意方案。

☆ 闲聊可以观察员工的心理状态和工作状态，便于合理运作碰头会，也会提高会议的效率。

☆ 讲一些自己的真实经历要比讲那些听到的传闻更能引起大家的共鸣，讨论也会更热络。

专栏

碰头会就是“一段旅程”

佐藤夏生

“HAKUHODO THE DAY”

执行创意总监/首席执行官①

1996年进入博报堂，担任创意总监，2013年创立品牌设计工作室HAKUHODO THE DAY，并出任工作室负责人。曾参与梅赛德斯－奔驰、普利司通、阿迪达斯、耐克等国际品牌，以及KAGOME、ZOZOTOWN、雾岛酒造等日本品牌的市场营销和品牌设计工作，业绩斐然。在CI设计、空间设计、广告宣传上都有所成就。曾获得“优良设计奖”(Good Design Award)、“ACC市场营销奖最高奖”等多项广告大奖。2015年起，担任涩谷区品牌顾问。

① 相关任职信息截至本书在日本出版当时。

不受“时间”“期限”的约束

我们 HAKUHODO THE DAY 追求的是“创意”。创意不只局限于广告设计，它指的是“某种前所未有的全新的价值”。我们的工作就是面对课题、产品等，寻求不局限于广告设计的创意方案。

虽然这还不是明文规定，但我们的碰头会确实有几项特别的规定。

总的来说就是不干扰“创意产生的瞬间”。具体说来，就是“不受时间、期限的约束”“不事先计划议程”“不轻易落笔下结论”“边喝咖啡边讨论”。因为创意的产生，悄无声息无人察觉，只在刹那。

一般的公司会认为，“没有结论的碰头会是失败的”。但我们认为，“轻易总结，急于下结论的碰头会才是失败的”。

这样说，并非意味着时间冗长的碰头会就好。如果你设定“一小时内必须得出结论”，最终只能得到一个小时能想到的方案。这一个小时能想到的主意、构建的方案，其质量是有限度的，也许都是人们已知的东西，那些拥有新生命的“了不起”的创意是不会轻易被找到的。

在碰头商讨时，只要你略微觉得“嗯，哪里好像不对”，那就不要轻易说“好”。不要勉强做出决定或选择，而是先搁置一段时间，留到下次再讨论。如果你想拿出“前所未有的新创意”，那必须经过 2 次、3 次、4 次、5 次……多次的无结果的讨论。正因如此，那些“好方案”才显得难能可贵，是几十次的讨论中，才会出现的那么一次。

设定目标就是限制了可能性

不制定“会议议程”，就是为了不设定“会议目标”。一般会议议程是以“能预测的东西”为前提制定的，在探索未知的创意时，这会成为思维的枷锁。

正如，原本我们探讨的主题是果汁的创意，不知何时就变成了咖啡的创意；原本讨论的是广告的事情，却又调转到了顾客在店铺里的体验的话题……最后，几乎所有的碰头会中，原先的议程、预设的目标都会变得面目全非，与自己最初的设想大相径庭，或者讨论偏离到别的话题去，但是我觉得这才是对的。这些也让我明白，没有必要在开始就设定会议目标。

将想法写到“纸”上的时候，不要整齐地“横着排列”或“竖着排列”，因为如果像记笔记那样，从左往右、从上到下写的话，思维就只能横向或纵向延伸，无法得到更广阔的发散。

思考不是一条直路，它是跳跃曲折的，正因如此才能时而扩散、时而收拢。比如在白纸中央写下关键词，然后以此为起点，写下与之相关的各种想法，像曼陀罗图案一般向四周扩散，并联系起来。

碰头会从一杯香浓可口的咖啡开始

我是一个痴迷咖啡的人，碰头会一定要从喝一杯可口的咖啡开始。我会在办公室楼下的丸山咖啡给客户点一杯这家店自己调制的THE DAY PRESENT。

我认为碰头会首先要挖掘客户的人生经历、职业生涯、性格、品位等信息，然后再根据客户需求充分沟通讨论，最后形成方案。

虽然人们有时候只能根据自己所见所闻、亲身经历的事情展开想象，但是通过与他人的沟通碰撞，借助他人的知识与经验，也可以产生新的灵感。

我们之所以钟情于“可口的咖啡”，是希望能一边享受咖啡，一边交流我们心中对生活、工作以及对社会最真实的想法。咖啡就好像是我们抛弃客套话、敞开心扉的“开关”。

碰头会就是寻找、甄选、连接创意碎片的一场旅程

我们的工作就是运用语言、平面设计、立体图形以及空间元素等，赋予“某种未出现的新事物”一个具体的外形。最初我们无法清晰地看到这个事物的价值，所以要从搜集“创意碎片”开始。

然而，创意碎片细小入微、不易察觉。当我们发现这些碎片后，就可以拿出来和大家一起讨论，“这个好像是A吧”“这个有些不太对”，大家一起探讨它的价值以及可能性。

我把这种可能性的探索叫作“旅程”。为了发现价值或可能性，必须去寻找那些现在没有的、看不见的、未意识到的东西。与很多人、事、物相遇，不断地搜寻、遴选创意碎片，最后将这些碎片连接、聚集起来，形成最好的创意。所以，“创意过程就是一段旅程”，是我最根本的理念。

第5章 碰头会中打破僵局的8个提问视角

出人意料的创意，常在“提问的瞬间”出现

提出“引发连锁反应的问题”

2005 年，虽然智能手机与 SNS 尚未普及，但在广告界，数字化的浪潮却早早地到来。随着业务量的增加，再不能像之前那样有充裕的时间开碰头会。尽管如此，碰头会的质量却不能下降。于是博报堂的“研究开发局”，开始探究能够兼顾质量与效率的“新的团队工作模式”。

在博报堂，我们把发现创意的瞬间称为“跳出”。怎样才能在短时间内到达这个瞬间呢？经过调查，得出的结果是“跳出”的瞬间经常出现在提出问题之后。

然后，在公司内部又以碰头会效果最为突出的市场营销部和创意部为对象，调查“提出什么样的问题后，创意容易产生”，并对搜集到的 210 个破冰问题进行了分析。

分析的结果表明，有意识地从以下 8 个角度进行提问，比较容易在短时间内产生创意。

①比喻

②按照时间轴思考

③关注偶然事例

④换位思考

⑤用真实的感受来说

⑥逆向思考

⑦洞察隐藏的本质

⑧一言以蔽之

接下来将逐一具体地阐述这 8 个角度的提问会带来怎样的效果。

视角①　比喻："这个是不是和某某相似？"

发现与其他事物的共通性

在新想法诞生的过程中，"绝妙的比喻"往往会成为思维发散的契机。

"那个商品和某某商品很像啊"，通过类比，我们可以发现研讨的主题商品与其他类似商品的共通性，从而更加客观地审视该主题商品的内容与性质。

"（客户的品牌）与其他行业的哪个品牌相似？""与其他领域的什么东西相似？"通过这样的类比，品牌的价值与战略形象会得到扩展。下面我们通过具体会谈的例子来看一看。

【碰头会的主题】关于新开发的电子词典

员工A：最近的电子词典里，不仅有英语和日语，连家庭医学、俳句季语[①]都收录进去了。

员工B：但是功能多不一定就会卖得好。

员工C：这像不像“幕之内便当[②]”？虽然内容丰富，但给人的印象不深刻。这次的产品是否应该脱离幕之内便当的风格呢？

员工A：如果拿其他行业来打比方的话，这就好像钟表产业。虽然手表增加了闹钟、指南针等各种功能，但是手机一上市，整个钟表行业的销量就都下滑了。只有那些历史悠久的高级机械表、时尚感强的手表，以及高耐冲击性的手表生存了下来。所以说，只有特色鲜明的品牌才能存活。

员工B：那么新电子词典的创意，就从“突出哪种特征”开始考虑，目标是脱离幕之内便当的模式。

① 日本的一种古典短诗。

② 观看歌舞伎等传统戏剧时，在中场休息间吃的便当。

以上的对话范例中，出现了两处比喻。

第一个是将“功能多但无特色”比喻为“幕之内便当”。

团队集体思考某个方案时，必须让大家认识到“主题是什么”，但很多时候“主题”并不明确。

如果主题抽象模糊，在选择方案的阶段就容易产生认识上的“分歧”，参会员工间难以形成协同效应。因此，在碰头会开始的阶段，参会者就要对主题达成统一认识，这就必须运用各式各样的“比喻”准确地表述现状，锁定碰头会的焦点。

第二个就是“钟表行业”的比喻。

通过“幕之内便当”的比喻，大家均理解了“功能多但无特征”这一主题。于是，员工 A 谈到钟表行业也存在同样的困扰。并且，该事例不仅具有共通性，还总结了“高级机械手表”“高耐冲击性手表”等成功产品具有的特征。

像这样，以同样从困境中挣脱出来的其他业界为“比喻”，碰头会的讨论方向就转换为“如何效仿其成功之路”。

使用其他行业来“比喻”的最大好处是，参会者都变成了“外行”。

比如，同在电子词典公司工作的员工A、员工B、员工C，由于各自进公司的时间、工作经历各有不同，所以有些人难免会认为自己的发言可能无关紧要而放弃发言，或者有些人的发言会受行业常识的束缚。

然而，一旦话题变成了“便当”“钟表产业”，参会者对此的认知水平就相差无几了，就会脱离束缚自由地发言。而且，有时候对此认识较少的人，反而能够轻松地抓住问题的本质。

当然，也没有必要一直都谈论其他行业，只要在碰头会的开始阶段合理地运用“有效的比喻”，就能够带来思想的飞跃。

俗话说“花是别人家的香”，我们总觉得别的行业获得各种创意易如反掌，但事实上每个行业都会遇到难题，我们不过只是看到他们突破难关的结果罢了。

在平时的工作中，我们要搜集畅销产品诞生前所遇到的难题和困扰，并以此为案例进行分析。当我们团队的创意停滞不前时，或许这些案例就会成为我们突破瓶颈的一张“王牌”。

搜集畅销产品诞生前曾遇过的难题和困扰，并以此为案例进行分析，建立自己的创意能源库：

THE END

视角②　按照时间轴思考："这个商品起源于什么？10 年后又会被怎样使用？"

将视线放在"过去"

当碰头会陷入困境时，试着回顾过去或畅想未来，可以帮助我们转换视点。

"这个商品起源于什么？"当提出这样的问题时，我们就会追溯这个商品以及产业的起源，从而发现它曾经与现在不同的目的和用途。

还是看一个具体的例子吧。

【碰头会的主题】关于银行的新服务

员工 A：我们来讨论一下银行的新服务。

员工B：目前已经有了很多建议，例如延长窗口营业时间、开通网上开户服务……

员工C：最初银行起源于什么来着？

员工A：英语中BANK的词源是意大利语中的BANCO（长桌），据说在大航海时代，当探险家出发远航时，出资赞助的人就把钱放在长桌子上，好像“银行”一词就是由此产生的。

员工B：这样说来我希望可以将延长营业时间、开通网上开户服务的对象定位为“面向即将扬帆起航驶入社会这片汪洋的新社会人”。

员工C：听说现在很多50多岁的人在退休前后开始创业，所以也可以考虑一些面向他们的服务。

如此，当我们追溯商品的起源，了解它“以前的用途是什么”“从前的定位是什么”时，新的创意就会显露出来。

将视线放在“未来”

我们往往只关注一个季度、一年或三年等短期的发展趋势。那么，当在碰头会提出“10年后那个商品会怎样”

这个问题时，参会人员发表出各自对未来的希望的观点，也许能邂逅新的灵感。

【碰头会的主题】如何扩大威士忌的需求

员工 A：最近喝威士忌的人越来越少，我们想想扩大需求的对策吧。

员工 B：找一个全民喜爱的明星来代言怎么样？

员工 C：酒精度高的话口感不好，我们推广一些稀释酒精度的调制配方吧。

员工 A：假设 10 年后威士忌的需求激增，人们会把威士忌放在家里的哪个位置呢？

员工 B：现在一般都是珍藏在酒柜中，我希望将来能放在随手能拿到的地方。

员工 C：那不就是冰箱嘛，现在一些深受欢迎的威士忌也会被保存在冰箱里哦。

员工 A：那我们就想象 10 年后所有家庭的冰箱里都存放着威士忌的样子，照这样重新考虑一下产品形式和销售模式。

像这样，将过去或未来的观点引入碰头会中，会触动参会者的思维。当被问到一个从未考虑过的问题时，人们自然会去思考新的对策。

在考虑时间轴时，重要的是时间跨度的大小。当回顾过去时，如果只是问“去年做了什么”，这样的时间跨度不会促进思维的扩散。要尽可能地加大跨度，提出如“中世纪的欧洲”“江户时代”等时期做过的事。大胆地问一些极端的问题，是打破碰头会僵局的一大诀窍。

针对做过或即将要做的方案，大胆地列出一些极端问题，把视点放在“过去”或“未来”，看能邂逅怎样的新灵感：

THE END

视角③　关注偶然事例:“我个人对此非常在意……”

注意“有些别扭的事情”

“和最初预测有所偏差的数据。”

“和多数人意见不同的另类声音。”

“有些别扭的事情。”

……

关注这些偶然的事例，有时也会让我们的思想开阔。我们要留意调查数据、熟人的发言、业界的常识中不对劲或有违和感的地方。有时在那些看似奇怪的事情中，会有新的发现。

每个人的新发现各不相同，所以在碰头会中，必须营造出让每个人都能表达自己主观和有个性的观点的氛围。

另外，有时候你觉得奇怪的事情，在碰头会开始的时候提出并不会引起注目，而当会议陷入僵局时，你再提出，“事实上，我个人一直觉得这个有问题……”大家就会认真地考虑这个问题了。因此，说话的时机很重要。

接下来，我们再看看具体的例子。

【碰头会的主题】健身俱乐部的店铺开发

员工A：我个人一直都很关注的一个现象是，50岁以上的女性，健康意识强，入会人数也多，可为什么很快就退出了呢？

员工B：是因为对家庭主妇来说，消费太贵了吧。

员工C：如果是因为贵的话，她们最初就不入会了。

员工A：由于一直想不通，我就去咨询了这些退会的女性，听到了这样一些原因。

员工C：都有什么原因？

员工A：很多女性是觉得化妆太麻烦才不去的，她们不愿让周围的男性看到自己素颜的样子。

员工B：这样的话，如果开一家只接待女性的健身俱乐部，也许会受到欢迎。

员工 C：可是在来俱乐部的途中怎么办呢？

员工 B：这样的话，选一个可以随心所欲、像自己家一样的地方就可以了。

除此之外，通过思考“关于这个商品，用户有没有奇怪的使用方法”“供给方最初认为的和接受方所体验到的有无偏差”等问题，也会产生新的想法。

【碰头会的主题】眼镜布的使用方法

员工 A：我从一个女性朋友那里听说，她用我们公司的眼镜布蘸上化妆水来卸妆。

员工 B：这个用法很奇特啊，她为什么会这样呢？

员工 A：据她说这样可以清洗细小的灰尘和污垢，使皮肤更光滑。

员工 B：这样的话，如果能开发出一款只需擦拭就可以卸妆的产品，一定会大受女性欢迎吧？

上述两个例子涉及的数据样本虽少，但调查数据都令人奇怪。

目前，世界上运用大数据等庞大的数据分析已经成为主流。当然大量的样本数据，确实保证了调查结果的正确率。但是以“常规数据”为基础的碰头会难有“破冰时刻”，有时“偶然性数据”往往可以扩展我们的思路。所以，我们要重视自己看到数据时的“违和感”。为了对各种事物都能保持纯粹的疑问，我们要保有“外行人”的视点。

关注并搜集一些偶然的事例，写下获得的意料之外的想法：

THE END

视角④　换位思考："如果我是竞争对手，会如何展开攻略呢？"

站在他人的立场上想象

人的想象力总会受到自身经历的束缚。为了摆脱固有观念，试着站在别人的立场来思考，可能更容易跳出个人的思维框架，产生新的想法。例如：

"我们的竞争对手会怎么想？"

"如果是那个人，他会有怎样的想法？"

对于同一课题，竞争公司会如何解决呢？让我们站在竞争对手的角度来思考解决方案吧。这样一来，我们就可以找到突出自己公司原创性的方案。

在广告界，客户为了挑选一家担当新商品企划的广告公司，会召开"竞标会"。

在竞标会前期，客户都会大概了解有哪些公司参与竞标，有时甚至可以得知对方公司是什么人担任创意总监。

因此，博报堂的一位创意总监，在会议讨论陷入僵局时，就会拿出据悉要参加竞标会的其他公司的创意总监过去的作品，让大家一边看，一边讨论“如果是这个人，会采取怎样的设计”。

然后根据该总监的偏好和作风来预测其设计内容，同时找出自己可以做出差异性的地方。这样一来，我们自己的设计内容也逐渐清晰起来。

如果那个公司生产出了某某商品

随着互联网的发展，出现了很多与以往竞争对手完全不同模式的公司。比如网约车公司之于出租车公司，爱彼迎（Airbnb）之于酒店。

我们也可以把这种情形应用到打破碰头会僵局的提问中。比如，在讨论文具产品开发的碰头会上，假想“如果苹果公司生产了圆珠笔”；在讨论棒球场服务的碰头会上，想象“如果迪士尼经营起棒球场”。

像这样，把知名品牌和碰头会正在讨论的内容结合起来，我们思考的空间也会变大。

某某会怎么想？

碰头会进退维谷时，可以想一想如果是某位名人或自己熟知的人，会提出怎样的想法，这样就可能转变视角，打破僵局。

比如在筹划新的创业项目时，可以问问自己“如果某某创业家健在的话，他会如何做”“在硅谷的风险企业家在这个领域创业的话，他会怎样做呢”等等，这些提问对转变思维非常重要。

碰头会停滞不前并非因为创意枯竭。所谓创意就是“既存事物的排列组合”，只要改变组合的事物或排列的顺序，创意就会绵延不绝。

也就是说，碰头会走进死胡同，很多时候是因为参会者的视角或思维僵化。

由于每个人都有其思想的局限性，所以需要参考没有参加碰头会的人的视角，进一步扩展自己的思路。

以“如果……的话，他会……”的形式，写下几个问题，试着站在他人立场思考，扩展自己的思路：

THE END

视角⑤ 切身感知："用自己真实的感受来说"

身边是否有正在使用该商品的朋友

为了避免讨论成为空想，在开碰头会的时候，要切记在脑海中想象"现实生活中的情形"。

"身边是否有正在使用该商品的朋友。"

"用自己真实的感受来说。"

……

像这样，通过描述"真实的画面"，例如实际使用者的样子、生活状态或者自己作为一个生活者的感受，也会带来新的思路。

通过寻找身边正在使用该产品或服务的人（或者觉得他应该会用得到的人），深度了解这些人的性格和生活模式，就可以真实地体会到目标用户的特性以及该产品或服务带来的价值。

下面我们来看一下具体的例子。

【碰头会的主题】关于单厢车的营销策略

员工A：我们身边有开单厢车的人吗？

员工B：我们经理现在开的就是。

员工C：是吗？我还真不知道呢。那他住在哪里？都有哪些家庭成员呢？

员工A：经理好像是住在川崎郊外的独栋别墅，家里有太太和两个上小学的儿子吧。

员工C：那他平时的兴趣是什么呢？

员工B：以前他节假日也工作，不过最近听他说带着孩子去野营成了他的兴趣。

员工C：经理选择这种单厢车的理由是什么呢？

员工A：也许是想增加和家里人的交流吧，可能也想在陪伴孩子玩耍的“黄金时间”里当一个“好爸爸”。

员工B：这样说来，我们这次的营销创意，可以考虑以

"家庭中逐渐失去的'父权'的复活"为主题啊。

这个时候最重要的是，参加碰头会的成员要提出一个大家共同认识的人。讨论的人物是能够在参会者脑中浮现出来的具体的形象，大家也都知道这个人的面貌和品性。如此，借由他的登场，就能使创意不再是纸上谈兵，而是具有现实性的、有温度的存在。

用自己真实的感受来说

当碰头会中，如果"抽象化"的表述过多，可以试着用"自己的话"来表述，这样会更有效。

通过让员工们相互表达基于自身经历和感觉的想法，能够更深地理解言语间的深意。

请参考以下案例：

员工A：这个商品的概念被归纳为"洗练"一词，但是"洗练"具体指的是什么？如果用自己的感受来说的话，是怎样的感觉呢？

员工B：我觉得就是日式旅馆那种古朴素雅、恬静闲寂的感觉。

员工 C：我的感觉就像是走进冷色调的美术馆一样。

员工 D：我和两位的感觉有点相似，我感觉就像是一个技艺高超的匠人创造出的艺术品。

员工 A：总而言之，这个商品给人“洗练”的感觉，可以说它来自“极致地追求基本功能、剔除冗余后的简洁纯净”。那么就按照这样的理解，深入地讨论下去吧。

碰头会进行不下去的主要原因之一，就是讨论过于抽象，参会者难以理解。此时，一方面要确认到目前阶段大家都已明确的事情，另一方面还需要每个人用具体的语言来解释这些抽象的概念。

例如，对于“热情款待”这个词，每个人的理解就大不相同。

在某个日本酒店，只要看到客人的咖啡杯快要空了，服务员就会主动询问是否需要续杯，这样细微的关注就称为“热情款待”。

而在某个外资酒店，一旦知道客人是为了庆祝结婚纪念日而来，酒店就会安排服务人员用玫瑰花装饰客人的房间，给客人带来惊喜，这样的行为也称为“热情款待”。

参会成员间如果对抽象概念的理解有偏差，最后往往很难达成统一的意见。

所以，在碰头会的早期阶段，每个成员都要用作为生活者的真实感受去沟通，以达成一致的理解。

写下几个抽象概念，然后基于自身经历和真实感受，练习用具象的语言来解释：

THE END

视角⑥　逆向思考："如果将劣势当作优势来看呢？"

强行"转变"视角

肯定他人的意见或想法，并将其与自己的方案结合起来，综合分析再提出自己的想法，这样做也能够拓展话题。

但是，仅仅只是综合各方意见的话，有时会导致思考停滞、逡巡不前。这时候，就应该尝试着转变视角来思考。

"如果将劣势当作优势来看呢？"

"如果采用和以前完全相反的策略会怎样呢？"

……

通过诸如此类的提问，就可以强行转换自己的视角。即使是同一课题，用相反的视角重新思考，有时候也会发现新的意义和价值。

对业界或公司所谓的“通常”“一般”“标准”的认识发出质疑，用反向思考扩展思路，有利于产生新的创意。

将劣势作为优势来思考

试着转换视角，将以前认为是“劣势”的地方当作自己的“优势”来思考。在固有观念里看来是负面的事情，说不定会转变为意想不到的积极因素。

【碰头会的主题】关于家用投影仪的市场营销

员工A：投影仪与电视不同，如果使用投影仪，房间光线太亮就看不清楚，这就是它的缺点吧。

员工B：但是反过来看，如果房间光线暗下来，不是正好可以获得像电影院一样的观影感受吗？

员工C：目前视频网站付费会员的数量在逐渐增加，经常看电影、电视剧的年轻人也越来越多。

员工A：这样的话，比起将画质、功能作为宣传重点，我们可以转换视角，将观影氛围作为宣传重点，由此展开营销策划。

【碰头会的主题】关于青汁的市场营销

员工 A：青汁的缺点就是闻起来有股青草的土味和口感苦涩。

员工 B：但是逆向思考的话，口感苦涩不正给人一种“吸收了其中的营养”的感觉吗？俗话说“良药苦口”嘛！

员工 C：索性我们的广告语，就开门见山地说：因为苦涩，所以健康。怎么样？

思考与之前完全不同的战略

有时我们也要质疑一下品牌或商品长期形成的常规做法。我们可以试着探讨当采取与过去完全相反的做法时，会对品牌或商品产生怎样的影响，也许会得到新战略的启示。

【碰头会的主题】关于运动饮料

员工 A：运动饮料一般被认为是夏季的饮品，能不能让它在冬季也畅销呢？

员工B：这样说来，冬季衣着厚重，在上班的公交地铁里也会被挤得满头大汗。

员工C：公司的暖气太足了，皮肤也会很干燥。

员工D：冬季也需要温暖适宜的热饮。

员工A：这样的话，我们或许可以用“冬天的早晨更需要补充水分”为营销主题，开发出温暖适宜的运动热饮。

很多领导经常会说：“要对常识发出质疑！”但是如果在碰头会开始阶段就反复地质疑常识，反而会使会议的场面变得混乱。因此，“逆向思考”在碰头会遇到瓶颈的情况下，才会有效。

想质疑常识，却不知道常识为何物的话，也不能质疑。只有当参会者之间产生信赖，对讨论主题的理解达成一致时，才是“逆向思考”登场的时刻。

试着转换视角，写下曾经认为是自己“劣势”的点，然后再将其转换为“优势”来思考，记录下自己的收获：

THE END

视角⑦　洞察隐藏的本质："想想它背后隐藏着什么"

探求隐藏在水面下的创意的本质

要抓住事物的本质，不仅要关注其表象，重要的是要深挖其隐藏在水面下的部分。但是，即使你直接提问"这个创意的本质是什么"，一般人通常也很难完美地回答。

因此，在回答的过程中，我们要试着抛出一些具有启发性的问题，引导大家自然地深挖下去。

就像同义替换一样，"A 也可以说是 B，其实也可以说是 C，于是……"，如此，通过反复替换，就能够发现"隐藏的深意"，找到新的创意。

下面是围绕"生日"的一则对话。

员工 A：生日就是纪念自己来到这个世界的日子吧。

员工B：这样的话，也可以说是庆祝自己顺利地被母亲生下来的日子吧。

员工C：那也可以说是感谢母亲给我们生命的日子。

员工D：也就是说，生日不只是“自己出生的纪念日”，还是感恩母亲的日子，可以说是“第二个母亲节”。

这个问题没有统一的标准答案。每个人接着之前发言人的话，联想发挥，就像“大喜利[①]”一样，最终说得最好的人获胜。在这样愉快的氛围中，让我们用这种方式去发现新观点吧！

寻找“隐藏的对手”

一般认为，竞争对手都来自“同行业、同范畴”。那让我们试着站在客户的立场上，看看有没有隐藏的竞争对手。

探讨隐藏的竞争对手，可以帮助我们抛开既定的观念，更深入地去思考。另外，分析“为什么它会成为竞争对手”，也可以帮助我们看清事物的本质。

① 歌舞伎等传统节目中压轴的人。

【碰头会的主题】关于面向便利店的巧克力产品

员工A：便利店热销的巧克力，是我们竞争对手的A商品或B商品。

员工B：除了A商品和B商品，还有其他隐藏的竞争商品吗?

员工C：这些商品在晚上的销量很好，好像很多女性下班后喜欢顺便去便利店逛一逛。

员工B：这些女性除了买巧克力，还会买别的商品吗?

员工A：别的像是便利店甜品、冰激凌、面点等，差不多全是甜食。

员工C：之所以买甜食，大概是对辛苦了一天的自己的“小奖励”吧。也就是说，不只是巧克力产品间的竞争，还有和这些“小奖励”之间的竞争。

员工A：看来不是巧克力味道的竞争，而是怎样能够满足“小奖励”的心情的竞争。

员工B：我们可以考虑开发能让人心情愉悦的具有果香味的甜食，或是有助于促进睡眠的甜食。

不要把对手限定在同行业的其他公司，要把视线扩散到“出于同一目的购买的商品”“同一消费者购买的商品”等方面，思路就会随之慢慢打开。

要想得知这些信息，重要的是平时要注意观察生活者出于何种目的购物、愿意在哪些方面花费金钱和时间。

写下一个主题，围绕这个主题，用同义替换的方式，不断反复，并记录自己获得的新观点或新创意：

THE END

视角⑧　一言以蔽之："用一句话概括这个创意的话，是什么？"

将讨论、提议"同一"化

随着讨论的展开和方案的不断涌现，有时候碰头会的思路会变得混沌模糊，看不清发展的方向。此时，有效的做法是将提案"同一化、焦点化"。

"如果给你的提案加上简短醒目的标题，会是什么？"

"这个方案中，最能震撼大家的是哪一点？"

……

像这样用一句话来表达的做法，便于整理大家的提案。

用简短的词句概括你的提案

只是把提案一一罗列出来，是不可能打动客户的。比如在广告公司参与的“竞标会”中，多家公司围绕一个主题带来了很多方案。如果这些方案没有一个简短醒目、易记的标题，是很难给客户留下深刻印象的。

即使是博报堂的碰头会，在展示方案之前，经常也会问：“你主要谈什么？”“你的核心是什么？”

没有必要写成像广告撰稿人那样精彩绝伦的广告语。只要与内容相符、听起来让人印象深刻就可以，即使是概括方案要点的关键词也可以。

下面我们举个例子说明一下，如何用一句话总结。

【碰头会的主题】关于出租车公司服务的开发

员工A：东京都中心地带的出租车市场已经饱和了，很难突显我们的优势啊。

员工B：现在重要的是能否常驻在新的商业大厦的门口。

员工C：进驻商业大厦的都是知名企业，对出租车服务的要求也很高。

员工A：所以针对这些要求，我们想想办法吧！

员工B：保持整洁卫生、注意司机的礼仪等可考虑的地方很多。

员工C：但是我们的重点目标是什么呢？

员工B：是否可将目标定为满足一流企业商务人士需求的“出租车行业的商务舱”？

员工C：好！那我们就开发符合“商务舱”标准的服务吧！

【碰头会的主题】关于住宅区便利店的业态开发

员工A：住宅区的便利店，从早上七点到下午三点，老年人的进出率很高啊。

员工B：这样的话，我们按照时间段区分目标客户，考虑针对老年客户的策略吧！

员工C：我希望能加强面向老年人的熟食及饮品的供应。

员工A：是否可以将店内饮食区改造成榻榻米，让老年人能够更加轻松地用餐？

员工B：也可以在店内放置些免费使用的电脑、平板和充电器。

员工C：大家提了不少意见，那我们就把这个方案的宗旨定为“把午间的便利店变为老年人的咖啡店”怎么样?

像这样，在碰头会难以进行下去时，用一句话来总结“要点是什么”就可以将讨论带回最初的“原点”。

另外，通过某一阶段的总结，还可能以此为跳板，将思路进一步拓宽。相反地，如果无法做出简明的总结，讨论就可能变得过度松散。不过到这一步的时候，也可以把提出的方案分成几个方向，并简言概括之。这样做在帮助确认碰头会最终方向的同时，也可以了解哪一个方向更有希望形成最后的结论。

为自己最近在做的方案，拟几个简短醒目、易记、能够给人留下深刻印象的标题：

THE END

小结

☆ 绝妙的比喻往往会成为思维发散的契机，通过类比，我们可以发现研讨的主题商品与其他类似商品的共通性，从而更加客观地审视该主题商品的内容与性质。

☆ 当我们陷入僵局时，试着回顾过去或畅想未来，可以帮助我们转换视角，邂逅新的灵感。

☆ 每个人的发现各不相同，必须营造出让每个人都能表达自己主观和有个性的观点的氛围，在不同的发现里扩展我们的思路。

☆ 每个人都有其思想的局限性，试着站在别人的立场来思考，可能会进一步扩展自己的思路，产生新的想法。

☆ 寻找身边正在使用该产品或服务的人，深度了解这些人的性格和生活模式，就可以真实地体会到目标用户的特性以及该产品或服务带来的价值。

☆ 即使是同一课题，用相反的视角重新思考，有时候也会发现新的意义和价值。在固有观念里看来是负面的事情，说不定会转变为意想不到的积极因素。

☆ 不仅要关注事物表象，更要抓住其本质，把视线扩散，思路就会随之慢慢打开。

☆ 当碰头会的思路变得混沌模糊，看不清发展方向时，将提案“同一化、焦点化”，简言概括，不仅可以将讨论带回最初的“原点”，还可能以此为跳板，将思路进一步拓宽。

专栏

主导碰头会就是一种“服务”

岛浩一郎

“博报堂 Kettle” 董事长
兼总经理、创意总监、编辑 ①

1968 年出生于东京。1993 年加入博报堂，在企业传播部门负责企业的 PR 活动。2001 年临时被调往朝日新闻社。2004 年参与策划“书店大奖”，现任 NPO 书店大奖实行委员会理事。2006 年创立“博报堂 Kettle”。担任文化杂志 *Kettle* 和地区新闻网站《赤坂经济新闻》等的总编，积极从事媒体内容的制作。2012 年在东京下北泽与内沼晋太郎共同创办 B&B 书店。编著书籍有 *CHILDRENS*（Little More）、《岛浩一郎的创意是如何产生的》（Discover 21）、《策划力》（翔泳社）、《这条推特得记下来》（讲谈社）等。

① 相关任职信息截至本书在日本出版当时。

每次碰头会都要在“一个小时内”结束

“博报堂 Kettle”的碰头会，时间短得出人意料。碰头会不是聚在一起想点子，而是大家带来各自已经想好的方案，综合讨论，因此不会没完没了地在那里苦思冥想。有时候我们 15 分钟就结束了，快得不可思议。

在会议中我的职责就是判断“哪些方案可以继续讨论”，或者是明确地指出其中的问题——“这里有点不足，下次讨论前请把这里完善好”。基本上当场就做出判断，速战速决。

因为每次碰头会大抵都在一小时内，所以我的日程表上，有时候一天可以安排十多个碰头会。有制作广告的碰头会、策划大型活动的碰头会、公司经营相关的碰头会等，各种不同内容的碰头会在一天内依次进行。

我认为花费很长时间只开一个碰头会，不如穿插着进行多个不同任务的碰头会。

比如销售点心的短视频制作、高级品牌活动的策划，以及书店的宣传等，这几个内容迥异的工作同时进行时，点心的创意会给书店宣传带来启示，书店宣传也可能意外地为品牌活动提供灵感。像这样，思维跳跃，相辅相成，有时候说不定“与 A 有关的想法，可能会帮到 B”。

一面墙上贴了 200 多个方案

“博报堂 Kettle”会议室的所有墙面都是白板，碰头会开始前，都会把所有写在 A4 纸上的方案贴在墙上。多的时候，会超过 200 张。

墙上的方案达到 100 页 A4 纸的碰头会，一般来说效率会比较高。因为通过观察全局，我们能够明确“策划成熟的部分以及不足的地方”。

而且，创意要汇集众人的智慧，将大家的方案全部贴出来才能够看清其中相关的线索。像是“方案 A 和方案 B 来自同一概念”“从这个观点深挖下去，或许能够找到打动客户的方案”等——按照这些“线索”，我们可以很轻松地将大家的方案分类。

虽然碰头会可以高效地在一小时内完成，但是发掘目标市场的本质仍需花费大量时间，当然也会多做许多无用功。

在解决 A 公司课题时，有时需要搜集与 A 公司毫无关系的案例。为了制作面向铁路爱好者的内容，还要去参加铁路摄影会、去探寻秘境车站，以及铁路小酒屋等。

我们的办公室里设有吧台，是因为有时晚上大家一起喝酒闲聊时，会产生很多有趣的想法。

冗长无休止的碰头会就是“犯罪”

碰头会是花费大家的宝贵时间进行的，因此会议主导者绝不能浪费时间。在我看来，冗长低效的会议会耽误大家的时间，这就是在“犯罪”。

客户花多少钱买我们的创意，将决定着公司的收益。因此，有必要在短时间内高效地将高价的点子形成策划书。

所以，我们不能浪费时间，要高效地利用团队伙伴的时间，提高效率。碰头会主导者的义务，就是为大家创造一个能在一小时内全力以赴的会议氛围。

我认为碰头会的主导者，其实就是一个“服务人员”。主导者要创造全体参会者都能大显身手的氛围。大家齐心合力制定的策划书得到客户的肯定，也是对所有参会者的一种肯定。

启发创意、梳理会议流程、做出判断、让参会者发挥最大的主观能动性等，提供这些“服务”，正是会议主导者的职责所在。

第⑥章 在短时间内，量产创意的『个人脑力激荡法』

比起质量，更要追求创意的数量

怎样在短时间内拿出大量的创意

在博报堂有一条规矩，参加碰头会的人“不能空手而来”。只有参会人员在会前充分地思考，开会时讨论的氛围才会热烈。

如果参会人员连会议的主题都不清楚，那么不仅会在共享信息的环节耽误不少时间，提出的方案也只会肤浅偏颇。

深思熟虑的方案相互碰撞磨合，才能诞生出具有新价值的创意。

在博报堂有一个共同的认识，就是“数量重于质量”。因此，重要的是拿出大量的方案。

但是，由于同事们平时工作也要处理一些其他业务，大家不可能花费大量的时间去思考不同的方案。

那么怎样才能在有限的时间内，拿出大量的创意呢？本章，我们将为大家介绍几种具有代表性的“脑力激荡法”。

个人脑力激荡法 1：色彩浴

从“上班途中的风景”中获得创意

色彩浴，来自英语 Color Bath，字面意思为“沐浴在色彩中”。它指的是一种心理效应，即“当人们意识到某种特定的颜色时，他对这种颜色的关注度也会提高”。把这种心理效应应用到实际工作中，有助于启发我们发现“新创意”。

比如，我们事先决定“寻找红色的事物”后再出门。于是，交通信号红灯、红色的邮筒、摆在蔬菜店里的西红柿、红色的汽车、口红等这些都会映入我们的眼帘。那么把“红色的东西”和正在研究的主题搭配在一起，是否能产生好的点子呢？

假设我们正在思考一个有关新品巧克力的课题，出门后看到一个红色邮筒。虽然最近很少写信，但是看到喜欢旅游的母亲寄来的明信片，就像收到意外的礼物一样，非常令人高兴。这个时候，我们可以将此和创意主题结合起来思考。

能不能将巧克力也做成礼物呢？附上祝福语送给父母、恋人等重要的人。如此，将巧克力做成礼物的创意就形成了。

色彩浴的方法不仅限于“颜色”，四方形、圆形等“形状”，高处、低处等“位置”，以及写在路牌上的“数字”等，都可以应用在各种各样的课题上。

这就是将日常上班沿途的景物变成脑力激荡素材的方法，由此可以高效地激发出大量的创意。

选定一个“颜色”“形状”“数字”或“位置”等，将观察到的相关事物与正在思考的课题相结合，记录下由此激发的新创意：

THE END

个人脑力激荡法 2：20% 法则

10 件方案中必有 2 件是“奇葩”

谷歌公司的创意源泉之一，就是“20% 法则”。这个法则指的是，“可以把 20% 的工作时间用来做工作业务以外的事情（自己想尝试的项目）”。

在谷歌，如“Adwords”“Gmail”这些在“20% 法则”下产生的项目都取得了很大的成功。

把“20% 法则”应用到创意工作中，也可以帮助我们拓展思路。例如，假设有 10 个方案，其中有 2 个是“异想天开”或“放手一搏”的，那可以以这两个方案为切入口，拓宽视野。

特别是领导如果率先抛出这样的方案，就更能够激发成员们展开天马行空的讨论。

假设我们创意的主题是“如何增加墨西哥卷连锁店的客流量”。

有一家食材新鲜、健康美味的墨西哥卷连锁店，虽然口味地道、令人齿颊生香，但是仍不能像汉堡连锁店那样成为业界主流。在拿出的多个方案中，除了“以可以吃到每日所需的蔬菜为卖点”“选用时髦的流动货位在街上售卖”等正统的创意外，也暗藏了一些出乎意料的创意。

例如“把墨西哥卷加入全国小学的营养午餐食谱中”“让墨西哥卷出现在《海螺小姐》[①]的饭桌上”等。

虽然这些想法不容易实现，但是它却可以引发诸如“这样说来，我家孩子学校的营养午餐里也有‘手工汉堡’啊”“让孩子们从小就了解墨西哥卷很重要”等讨论，这些将有助于碰头会向更发散、更良性的方向发展。

① 日本的人气动漫。

选定一个主题，尽可能多地写下自己能想到的“奇葩”点子：

THE END

个人脑力激荡法 3：九乘三法则

客观地审视自己的方案

“九乘三法则”是指一个人在进行创意思考时，经过数轮方案设计之后，客观地选出最佳方案的办法。

具体的步骤如下：

①在一张便笺纸上写下一个创意。最少要写 9 张，并把它们贴在墙上。

②客观地审视这些创意，从中选择 1 ~ 2 个你认为最好的方案。

③开始进行第 2 轮方案设计。忘记前一轮的 9 个方案，重新思考，再写 9 个方案，像第一轮的做法一样，贴在墙上，选出你认为最好的。

④重复同样的做法，进行第 3 轮方案设计。等到第 3 轮结束后，将每轮选择的最佳方案带到碰头会现场。

这种脑力激荡法有两个重点。

第一，要将方案写出来，并贴在墙上看。

人们对自己设计的方案容易带有主观意识，因此很难判断哪个真的最好。有时候原本觉得“最棒”的方案，过段时间再看，会发现并非如此。

每当此时，就需要先与自己的方案保持距离，试着从另外的角度来审视它们，这样会更有效果。

第二，三轮方案设计之间要有时间间隔（休息时间）。

可以换个创作环境、出去散散步等，通过这些方式，暂时远离那些方案。

有个创意部门的员工曾说过，“去做个桑拿，脑子就重启了”。

不间断地拿出的一个又一个方案，是不会产生新的发想的。运用自己独特的“大脑重启”法，可以更为有效地设计出大量有创意的方案。

“九乘三法则”的自我实践及体悟：

THE END

个人脑力激荡法 4：曼陀罗思考法

填空格想创意

曼陀罗思考法是设计师今泉浩晃发明的一种思维方法。这是一种通过逐一填满九宫格内的每一个空格，来梳理方案、加深思考的方法。使用这种方法，能够有效增加方案的数量、打磨方案的质量。具体步骤如下：

①将想要拓展的主题写在九宫格正中央的空格。

②在周边 8 个空格任意填上与主题相关的关键词。绞尽脑汁，填满所有空格。

③完成后，从九宫格中选出一个最有趣的，写在一个新九宫格中央空格的位置，并重复相同的步骤。

我们以“火锅底料产品的开发”为主题，试着运用曼陀罗思考术来进行创意发想。（见第209页图）

最近酸菜火锅底料等特殊的火锅底料产品不断上市，所以在开发新产品时，厂家总是将目光放在不同口味产品的研发上。

我们则选择了不同的做法，首先，我们在九宫格正中央填上“火锅”。然后在它周边8个空格中写上由“火锅”联想到的几个词，并且尽可能按照前文所介绍的“20%法则”那样，选两个关联性较远的词。这样，我们可以列出“家庭”“温暖”“省时”等关键词。

接下来，我们以“省时”这个关键词为中心，展开新一轮的曼陀罗思考。这样又产生了“小块”“微波炉”“加班”“职业女性”等关键词。

然后把这些新关键词和最初的出发点“火锅”强行联系在一起。于是一个创意就诞生了——“专为职业女性考虑的、省时便捷的小块火锅底料”。

如果灵活运用曼陀罗思考法，理论上可以产生 $8 \times 8=64$ 个创意。

填空格想创意

课题　**火锅底料新产品的创意**

步骤①

画出一个九宫格（3×3），在正中央的空格中填上主题中心词（火锅）。

	火锅	

步骤②

在余下的 8 个空格中，随意填下自己想到的与中心词相关的关键词。

年会	相扑部屋	家庭
家乡菜	火锅	温暖
省时	日本酒	健康

步骤③

从步骤②中的 8 个关键词（除了中心词）中，选择你认为最有趣的关键词填入一个新九宫格的中央，重复步骤②，然后将新产生的 8 个关键词与步骤①的中心词“火锅”结合起来。

剩余食材	简易食谱	球形包装
压力锅	省时	小块
职业女性	加班	微波炉

于是创意文案就诞生了——“专为职业女性考虑的、省时便捷的小块火锅底料”。

“曼陀罗思考法”的自我实践及体悟：

THE END

个人脑力激荡法 5：书店创意法

看封面想创意

两个不同的事物搭配在一起就容易形成新的创意，而搜集这些产生创意的素材的最佳场所就是书店。

在书店里，很容易在相关书籍上看到时下社会的热门话题，而且这些话题会定期更新。重要的是我们在书店里可以免费地长时间逗留，不会受到别人的干扰。

“书店创意法”其实非常简单。将目前要处理的课题与在书店看到的印象深刻的文字结合起来思考。当灵光闪现时，就把它记录在手机的备忘录里。

即使思考的课题属于商务范畴，信息源也未必仅限于商务书的专区。相反，从新书和杂志专区反倒能捕捉到与此相关的关键词。

另外，食谱类、写真集等视觉素材集中的书籍，也对刺激人的右脑颇有效果。比如从食谱书《仅用三种材料就可制作的咖喱》，或者《晨练活动推荐》等新书的书名出发，我们也许可以想到“仅用 3 个 App 就可搞定的晨间英语学习法”这个创意。从《一生必看美景指南》和《墓地大问题》的书名，或许可以产生“想和家人一起去扫墓”的点子。

电子书籍目前还不适合这种创意法，可以说这仅适用于我们经常去的实体书店。当然，如果不只是去书店看看，而是在书店多买两本书的话就更好了，就权当是对书店的支持。

“书店创意法”的自我实践及体悟：

THE END

个人脑力激荡法 6：倾听“普通人”的声音

从身边人的意见中获得启示

在博报堂的碰头会里，经常可以听到“我母亲（父亲）说……”“我丈夫（妻子）说……”这样的发言。原因是，我们认为有时候身边人的意见也很重要。

当然，有些工作事关商业机密，在处理相关信息时，我们还是非常谨慎的。

在不泄露具体的企业名、商品名的前提下，询问身边的人对该类商品最近的印象、日常的使用情况、为什么对此偏好等，对我们准备碰头会非常重要。

特别是现在是互联网时代，人们可以通过网络了解各种相关信息。另外，在一些网站上，也能看到一些关于商品的评价。

但是，其中也可能掺杂了一些虚假的信息，判断这些信息是否真实并非易事。

在这种情况下，最为重要的就是，能面对面倾听别人对商品的意见。如果是身边的家人，在某种程度上就更能把握其意见的真实性了。

即使得到的意见不多，也还是博报堂碰头会上最受欢迎的信息之一。

就某一商品，询问身边人的意见及评价，写下获得的启示：

THE END

个人脑力激荡法 7：问一百个“为什么”

反复提问“为什么会这样”

碰头会前如果实在拿不出好的想法，那么多提一些“为什么”也是对碰头会的一种贡献。

下面是博报堂某位女制作人在学生时代发生的小故事。她和朋友去一家意大利餐厅，这家餐厅虽然味道不错，但是顾客稀少。朋友虽然开始点餐了，却仍在思考该餐厅顾客稀少的原因。

为什么店里的灯光这么昏暗？

为什么把招牌挂在这么不显眼的位置？

……

据说她一分钟产生了 20 多个疑问。把一家门可罗雀的店铺变得人气爆棚并不简单，但是通过自己的观察，分析它“为什么会这样”却也不难。

关于碰头会的主题，单纯地思考“为什么会这样”，也是会前准备的一大要点。

如果以提出 100 个“为什么”为目标列出提问清单的话，大概到 50 个的时候就有些困难了。为了达成目标，就必须改变固有的思维方式，或者是咨询他人的意见。

从不同的角度思考商品或课题，这对于碰头会来说尤为重要。

写下 100 个“为什么”后，就用自己的方式开始思考答案。有些问题很快就能解决，当然有些问题即使查了很多资料也未必有答案。

在搜索很多资料后依然没有找到答案的“问题”，也许就是一个非常重要的“问题”。把这样的难题带到碰头会上，一定能刺激参会者的思维。

就某一主题或现象，尽可能地列出 100 个“为什么”清单，然后用自己的方式思考答案：

THE END

个人脑力激荡法 8：体验“无法自拔”的感觉

通过实际体验发现疑问

由于人事调动加入新的团队，或中途加入已经进行到一半的项目，初次去参加这个团队或项目的碰头会，其实是一次很好的机会。

因为第一次参加，没有经历过之前的讨论，所以多少有些偏离主题的发言，这也是可以理解的。

据我们采访过的营销人员和创意人员讲，他们中的很多人在参加第一次碰头会之前，都会把商品买回来试用一段时间。

据说著名的广告撰稿人糸井重里先生，每次负责汽车企业的广告时，都会买下这个企业的汽车试开一段时间。

我们虽然不用做到这个程度，但是在经销商那里试驾一下，或是租来开上一天也不是难事。

举例来说，博报堂的一名营销人员在参与了“扒金库[①]”的企划项目后，便尝试了他人生中的首次“扒金库”体验。

因为是第一次玩，所以不得要领，投进去的 1000 日元瞬间就用完了。玩了一会儿后，他心里还想：“这么无聊的游戏，怎么还有那么多人花钱去玩？”

但是反过来又想，既然来了就再坚持玩会儿，果然，也许是不会玩的人偏偏手气好的缘故，又投进去几千日元后终于小赚了一把。当看到弹珠不断涌出来时，不由得感觉自己的肾上腺素上升，他这才有点明白为什么那么多人对此着迷。

当然，他并没有因此着迷上瘾，但是这个试玩并且赢钱的体验却能够应用到企划项目中。

越是长时间参与某事，越是容易忘记当初尚未参加、一无所知时的感觉。

所以，不要终日埋头苦思冥想，试着去实际体验，看看会有什么样的“新发现”或“新疑问”，或许就能给停滞不前的项目带来活力。

---

① 日本的一种赌博项目。

去实际体验自己正在参与或即将参与的项目，写下自己的“新发现”或“新疑问”，以及从中激发的新创意：

THE END

个人脑力激荡法 9：绘图思考法

通过影像化，使方案更形象具体

最后向大家推荐的是，利用图画表达自己的想法。比如，如果是新产品开发的项目，可以用手绘的方式画出产品的包装、摆放在店里的样子、在家里使用的画面等。也可以随手画画该产品在杂志上刊登的版面。

一张白纸、一支签字笔足矣。没有绘画才能也无碍，随意地画出来即可。如果绘画太难，找一些相似的图片贴上也是有效果的。

运用图片搜索网站，寻找和自己脑海中的创意最为接近的图片。然后，准备好大量只带有创意标题和简单图片素材的方案，在碰头会上展示。

据说视觉所提供的信息量是倾听的几千倍。在碰头会展示创意方案时，使用令人印象深刻的图片作为辅助，效果会非常突出。

另外，通过图片，还能进一步激发创意。比如“让日本和平的饮料”这个文案创意，听起来不错，但是却很难用绘画表现。

如果不能画出来，那说明该创意仍然过于抽象。为了让自己脑海中的创意变得更加具体，试着画出来是很有效的方法。

试着用绘图的方式展示自己想到的创意，练习让自己的创意更形象具体：

THE END

小结

☆ “色彩浴”，选定某一主题颜色后，重新观察周边相关主题颜色的任何事物，目的在于将注目的焦点放在异于平时的细节或事物上，扩大新发现的范围，由此可以高效地激发出大量的创意。

☆ “20%法则”，原指鼓励员工利用20%的工作时间做工作业务以外的事情。运用到博报堂会议中，指所有方案中要有20%的方案是“异想天开”或“放手一搏”的，并以这些异想天开的方案为切入口进行讨论，更能拓宽员工的视野，激发天马行空的创意。

☆ “九乘三法则”，是一个人在进行创意思考时，经过数轮方案设计之后，客观地选出最佳方案。要点是：要将方案写出来，并贴在墙上看；三轮方案设计之间要有时间间隔（休息时间）。

☆ “曼陀罗思考法”是一种从中心向四周发散的思维方式，能够有效增加方案的数量，打磨方案的质量。

☆ 两个不同的事物搭配在一起就容易形成新的创意，而书店就是搜集这些创意素材的最佳场所，将目前要处理的课题与在书店看到的印象深刻的文字结合起来思考，就是我们说的“书店创意法”。

☆ 多倾听身边人的意见，如不同领域、不同年龄、不同性别的人的意见，你将获得更多信息，收获更多有效的创意。

☆ 改变固有的思维方式，试着从不同的角度思考商品或课题。

☆ 不要终日埋头苦思冥想，试着去实际体验，或许会有新发现。

☆ 视觉所提供的信息量是倾听的几千倍，以绘图或寻找和脑海中的创意最为接近的图片的方式，在碰头会上展示创意方案，效果会非常突出，有时甚至能进一步激发创意。

专栏

碰头会就是“形成合意”

长谷部健

东京都涩谷区区长[①]

1972年生于东京都涩谷区。专修大学商务部毕业后，于1996年加入博报堂，一直从事营销部门的工作。2002年离开博报堂，创立了与垃圾问题相关的非营利组织Green Bird。2003年首次当选涩谷区区议员，之后连续3届都以票数第一当选。亲自参与“春之小河儿童乐园（HARU NO OGAWA PLAYPARK）”、“NPO法人涩谷大学的设立”、“宫下公园翻修工程”、“涩谷·表参道Women's Run”、“推进涩谷区男女平等及尊重多样化社会条例”等众多项目。2017年首次当选为涩谷区区长。

① 相关任职信息截至本书在日本出版当时。

在博报堂学到的协调能力

加入博报堂初期，我作为营销人员参与了连锁便利店的广告宣传工作。虽然是刚入职的新人，但是印象中大家并没有把我当作小孩对待。在开碰头会时，我的意见从没有被否定过，甚至有时还被采纳到广告宣传中。

博报堂的碰头会没有类似“现在我们开始碰头会”这样刻板老套的开场白，往往都是不知不觉中人员聚齐，不知不觉中会议开始。

人员聚齐前，一般都是闲聊着让气氛活跃起来。大家说的事情都很有趣，光是听大家讲述这些无关紧要的事就能扩展视野、帮助自我成长。

成员们闲聊时的话题，并没有被刻意抛弃，而是带入了碰头会。

于是，在讨论某个议题时，大家会突然想起刚才闲聊时谈到的某些事情，或许就能派上用场，成为解决问题的关键。

如果完全沉浸在正在讨论的议题中，很难产生创意。有时候反而在与议题毫无关系的闲聊中隐藏着创意发想的线索。

灵感这种东西，越是一直念着“灵感快来、快来、快来”，越是挖空心思地想，反而越难闪现。

举例来说，在涩谷区建设提供学习机会的“涩谷大学”，也不是绞尽脑汁发动脑力激荡才想到的主意。

那是有一次我们看到一个插图画家画的一幅涩谷区的画后的灵感迸射。“这像不像一个大学校园？”“我们把这个街区看成大学怎么样？”“给大家发个学生证，只要出示学生证午餐就可以打折。”……经过一番发想后，创意就渐渐形成了。

我在博报堂做营销工作的阶段，一直秉持着“做营销就是做联络人”的理念。将与产品相关的人组织起来，让他们各司其职，就是营销员的责任。

客户、公司各部门、外部的合作伙伴等很多人会聚在一起，其中也有资历经验远超过自己的前辈。大家基本上都很自以为是，我们必须从中把握好节奏，协调好各方，营销人员该这样、策划人员该这样、总监该这样等合理安排好，才能推动项目向前进行。我的这种协调能力，就是在博报堂学会的。

现在想来，我在博报堂学到的“如何合理推进项目发展”的技能，要超过广告相关的技能。

结语

『无聊』『荒唐』也可以是最高的赞美

“无聊”“荒唐”也可以是最高的赞美

在博报堂的碰头会中，经常会看到这样的情形，讨论最热烈的时候，总有成员开怀大笑地说“真无聊啊”“太荒唐了”。对我们来说，这样的话就是最棒的表扬了。

有时候由于笑得太大声，还会引得隔壁会议室的人“咚咚咚”地敲着墙壁抗议。很少有公司开会的时候会肆无忌惮地大笑吧。

博报堂认为“气氛过于严肃的话，很难产生出人意料的创意”。“认真”当然没问题，但是“过于正经”就不太好了。

我们在碰头会上，或杂谈，或大笑，就是为了防止“过于严肃”。

然而，我自身从一开始就不觉得碰头会是件轻松的事情。博报堂的碰头会如同“道场”，是自己与他人的方案正面碰撞、一决胜负的地方。

自己的方案被采纳了，意味着自己得到了成长；反之，也可以发现自己不成熟的地方。有时我即使绞尽脑汁也苦思不得的方案，一些前辈和后辈却能轻松地说出。

会议的主导者用尽各种办法活跃会议气氛，将参会者间的摩擦系数提升到极限。这种全员投入的碰头会，一天进行数回，即使是现在我也会感到筋疲力尽。

不可思议的是，当你体验了展示自己精心准备的方案时的紧张感、被前辈肯定的瞬间的兴奋感，以及成员们帮助自己提升方案的可行性时的满足感后，你会不由得感叹“没有比这更过瘾的事了”。

设计方案时的痛苦一下子成为过去式，你又开始期待下一次的碰头会了。

当大家都觉得碰头会快乐而充实时，整个公司的氛围也变得更好了。

在 AI 时代，是否更应该启用“米糠床”？

当出版社的编辑问我们能否写一本关于博报堂碰头会的书的时候，我想象不到是否会有读者对这种书感兴趣。

因为碰头会每个公司都会有，我不知道博报堂的碰头会对大家有没有帮助。

但是通过与编辑的交流，以及采访从其他公司跳槽过来的员工，我渐渐发现博报堂碰头会中谈话和提问的方式确实有一些特殊之处。

同时，在编写本书的整个过程中，我们意识到博报堂的碰头会没有像“公式”一样的固定模式。

正如执行常务董事北风胜先生所言，他将博报堂的碰头会比喻成“米糠酱”（参照第 63 页专栏），博报堂的碰头会正是在混沌模糊的交谈中，孕育出团队的创造力的。

其实，过去的很多公司，也都是像“米糠酱”一样，开着摸不着头脑的碰头会。

但是，随着对会议效率的要求不断变高，这些公司都舍弃了“糠床”。最终呈现给大家的就是，还在坚守着“米糠酱”传统碰头会的博报堂就显得“特殊而显眼”了。

在数字化、AI 技术高速发展的未来，留给人类的工作也许就只剩“发挥创造力”的工作了。到那时，如果本书偶然间所介绍的博报堂培养“糠床”的方法，对立志建立创造性团队的你们有所帮助的话，我们将不胜欢喜。

最后，我想再次感谢协助本书采访工作的博报堂同人们——井上明、岩崎拓、金丸纪之、杉田和穗、铃木朗、泷口勇也、田村寿浩、手塚丰、八木祥和、村田佳与子。

博报堂品牌创新设计局 冈田庄生

2017 年 5 月

《博报堂创意训练手册》项目团队代表

冈田庄生

博报堂品牌创新设计局总监①

1981年出生于东京。国际基督教大学毕业后，2004年加入博报堂。曾任职PR战略局，现归属负责企业远景规划、协助品牌及商品开发的博报堂品牌创新设计局。2013年获得日本广告业协会（JAAA）悬赏论文金奖。2014年，获得日本PR协会“PR大奖2014”优秀奖。著有《让人购买的创意：打动人心的三个习惯》（讲谈社）、《如何找出让顾客想购买的“价值”》（KADOKAWA）等。Web Column“品牌之卵”的总编辑，东京工业大学客座讲师，日本大学客座讲师。

---

① 相关任职信息截至本书在日本出版当时。

阿部成美

博报堂品牌创新设计局战略规划师[①]

2014年加入博报堂。在房地产、基础设施、饮料、化妆品、金融、家电等多个领域从事品牌战略规划业务。有较强的调查、引导、计划能力，主要负责博报堂品牌创新设计局品牌重建、制定商业战略、商品开发等工作。

① 相关任职信息截至本书在日本出版当时。